일상이 화보가 되는
장식 자수와 소품

호라이 와카코 지음 · 황선영 옮김

이아소

CONTENTS

5 보리 리본 헤어핀

WILD FLOWER SAMPLER

6 들꽃 샘플러
8 들꽃 모티프 브로치
9 푸른 꽃 클러치 백
10 2색 자수 세일러 칼라
12 들꽃 무늬 그래니 백

ALPHABET SAMPLER

14 알파벳 샘플러
16 이니셜 자수 옷걸이 커버
17 에코 백에 플라워 로마자 자수

'SOME FLOWERS' pattern

18 꽃이 만발한 장식 칼라
20 꽃과 나뭇잎 귀걸이
21 스웨트에 꽃과 나뭇잎 자수

'FLOWER & WHEAT' pattern

22 꽃과 보리 클러치 백
23 블라우스에 꽃 자수

'MARGARET' pattern

24 마거릿 컷워크 장식 칼라
25 원피스에 마거릿 자수

'FLOWER & BUTTERFLY' pattern

26 나비와 꽃 자수 프레임 백
28 컷워크 손수건
29 꽃 자수 헤어 터번

'RIBBON' pattern

30 큰 리본 장식 칼라
31 새와 리본 장식 칼라
32 리본 무늬 백
33 스커트에 리본 라인 자수

'HERBS' pattern

34 허브 커프스
34 허브 장식 칼라
36 캐미솔에 부케 자수
37 1색 자수 사셰

38 TOOLS AND MATERIALS
재료와 도구

39 LESSON
허브 장식 칼라를 수놓아보자

40 BASIC STITCH
기본 스티치

42 POINT LESSON
컷워크
자수 시작과 마무리

43 HOW TO MAKE
작품 만드는 법

들어가며

문득 길가에 피어 있는 아름다운 꽃에 마음을 빼앗길 때.
옹기종기 모여 있는 꽃 무리의 절묘한 색의 향연을
오래도록 마음에 간직하고 싶을 때.

이런 무늬의 스커트가 있다면 얼마나 멋질까.
이 색 배합을 원피스에 그대로 옮길 수만 있다면…….
이런 생각을 한 번쯤 해본 적은 없나요?

저는 대학에서 염색을 공부해서인지
언제부터인가 마음 한구석에 이런 생각이 자리하였습니다.

그리고 지금까지 저에게 지대한 영향을 미친 것은
아메리카와 유럽의 오래된 옷감,
빈티지 숍과 벼룩시장에서 만난 복고적이고 향수 어린 옷이었습니다.

반복적이면서도 리드미컬하게 춤추는 리본 무늬의 천,
수수하고 옅은 색이 겹쳐지며 부드럽고 화사한 느낌을 자아내는 꽃무늬 블라우스…….

시간을 뛰어넘어 사람의 마음을 설레게 합니다.
정교하고 섬세한 수작업에 마음을 빼앗겨
저도 언젠가 이런 작품을 만들고 싶다고 다짐하곤 했습니다.

수년이 흘러 이제 그 마음이 얼마간 실현되고 있지 않나 생각합니다.
맞아요, 바로 제가 자수의 세계를 만나게 된 것입니다.
바늘과 실, 약간의 끈기만 있다면
누구나 자유롭게 천에 무늬를 그릴 수 있습니다.

이 책에는 한 개의 도안으로 다양한 아이템을 만들 수 있는
아이디어가 가득합니다.
도안을 확대하거나, 축소하거나, 뒤집거나, 색을 달리하거나,
일부를 빼거나, 마음에 드는 모티프를 조합하는 등
디자인의 가능성을 무한대로 넓힐 수 있습니다.

꼭 책과 똑같이 만들 필요는 없습니다.
우선은 꽃 한 송이부터 평소 가까이하는 소품에 수놓아보세요.
이 책이 여러분의 발상에 멋진 힌트를 제공할 것입니다.

자수를 즐기는 평온한 시간이
부디 여러분의 마음에 고요히 깃들길 바랍니다.

호라이 와카코

보리 리본 헤어핀

다양한 앤티크 아이템 중에서 찾아낸 보리 모티프.
소박하면서도 온화한 분위기가 매력적이다.
묶은 리본에 보리 이삭 한 줄기를 살포시 꽂은 느낌으로.

how to make **p.46**

WILD FLOWER SAMPLER
들꽃 샘플러

풍성한 자연에서 뛰놀던 그리운 어린 시절의 기억을 떠올리며…….
길가에 다소곳이 피어 있는 들꽃을 도안으로 표현했다.

how to make p.44

들꽃 모티프 브로치

모티프 하나를 쏙 빼서 작은 소품에 담아보자.
귀엽고 아기자기한 멋을 살리기에 딱 좋은 아이템이다.

how to make **p.47**

푸른 꽃 클러치 백

똑같은 도안을 무심한 듯 곳곳에 배치해 살짝 복고적인 스타일로 연출했다.
따스한 자수의 온기가 전해지는가 하면 모던한 분위기도 엿보인다.

how to make **p.48**

2색 자수 세일러 칼라

앤티크한 장식 칼라의 섬세한 손바느질은 언제나 동경의 대상이다.
특징은 그대로 담아내면서 나만의 스타일을 살릴 수 있도록 연구를 거듭하고 있다.
도안은 6페이지의 샘플러에서 빼내 2색으로 수놓았다.

how to make p.50

들꽃 무늬 그래니 백

테두리 안을 들꽃으로 채웠더니 마치 외국의 벽지처럼 이국적인 느낌을 준다.
복고적인 멋을 살리기 위해 그래니 백으로 완성했다.

how to make p.52

WILD FLOWER SAMPLER pattern

ALPHABET SAMPLER
알파벳 샘플러

순수건에 수놓아도 좋고, 셔츠에 수놓아도 예쁘다.
한 땀 한 땀 정성 들여 수놓아 소중한 사람에게 선물해볼까,
이런 생각에 빠진 순간까지 더없이 행복해지는 시간.

how to make p.54

이니셜 자수 옷걸이 커버

특별히 아끼는 옷 한 벌을 위해 머리글자만 수놓아 옷걸이 커버를 만들어보자. 평범한 옷걸이가 특별해진다.

how to make p.56

에코 백에 플라워 로마자 자수

좋아하는 말을 수놓아 들고 다녀보자.
귀여운 말을 꽃 문자로 꾸미기가 살짝 쑥스러워
일부러 대조적인 이미지의 단어를 골랐다.

how to make p.58

'SOME FLOWERS' pattern

꽃이 만발한 장식 칼라

큰 꽃에 작은 꽃, 뾰족한 잎사귀…….
칼라에 여러 모양의 모티프를 빽빽이 채웠다.
액세서리 감각으로 다양하게 연출할 수 있는 장식 칼라이다.

how to make p.59

꽃과 나뭇잎 귀걸이

18페이지 장식 칼라에서 뽑아낸 모티프로 귀를 장식해보자.
깜찍하게 또는 시크하게, 차림새에 어울리게 좋아하는 색으로 만들 수 있다.

how to make p.62

'SOME FLOWERS' pattern

스웨트에 꽃과 나뭇잎 자수

보이시한 분위기의 스웨트에 하늘하늘 꽃잎을 아로새겼다.
잘 늘어나지 않는 스웨트를 골라야 수를 놓기가 쉽다.

how to make p.63

꽃과 보리 클러치 백

화려한 컬러의 자수도 클러치 백에 수놓으면 분위기가 경쾌하다.
면적이 넓어서 수를 놓기가 부담스럽게 느껴질 수 있지만
큼지막한 꽃은 섬세한 도안보다 쓱쓱 기분 좋게 채워진다.

how to make p.64

'FLOWER & WHEAT' pattern

블라우스에 꽃 자수

옷장 깊숙이 잠자고 있는 블라우스를 꺼내 과감하게 수를 놓았다.
분위기가 확 달라지면서 거울 속 내 모습이 신선하게 느껴진다.

how to make **p.66**

마거릿 컷워크 장식 칼라

소박한 귀여움으로 향수를 자극하는 마거릿은
개인적으로 선호하는 모티프 중 하나이다.
컷워크로 연출한 장식 칼라는 마치 먼 옛날의 수예품처럼 시크하고 클래식한 분위기로 만들어준다.

how to make p.68

'MARGARET' pattern

원피스에 마거릿 자수

장식 칼라에 있는 마거릿을 뽑아 목둘레 3곳에 장식해보았다.
도안을 그대로 연결하거나 뒤집어서 수놓는 등 디자인의 가능성은 무한대로 넓다.

how to make p.67

26 'FLOWER & BUTTERFLY' pattern

나비와 꽃 자수 프레임 백

빈티지 숍에서 발견한 듯한 숙녀용 작은 가방.
복고적인 느낌이 물씬 풍기는 천을 골랐다.

how to make **p.70**

컷워크 손수건

26페이지의 백 도안에서 제비꽃과 은방울꽃을 뽑아 원 포인트로 수놓았다.
컷워크로 테두리를 만들면 여리고도 청초한 느낌이 한층 살아난다.

how to make　**p.72**

꽃 자수 헤어 터번

26페이지 백에서는 조연이었던 꽃을 따로 뽑아 수놓았더니 멋진 주인공이 되었다.
평상복에 스타일링하면 복고적인 분위기를 연출할 수 있다.

how to make p.76

큰 리본 장식 칼라

리본에 둥근 칼라……. 소녀적인 요소가 다분하지만 차분한 컬러 매치로 어디에나 잘 어울린다.
심플한 복장에 산뜻하게 코디하는 것이 너무 어려 보이지 않고 예쁘다.

how to make p.74

'RIBBON' pattern

새와 리본 장식 칼라

리본을 입에 문 새. 동화적 감성의 모티프라
일부러 단정한 인상으로 완성했다.
셔츠지처럼 빳빳한 천을 선택할 것.

how to make p.78

리본 무늬 백

한 개의 리본을 비켜서 연속적으로 연결해 리본 무늬 텍스타일을 연출했다.
좋아하는 배색으로 자신만의 백을 표현해보자.

how to make p.80

'RIBBON' pattern

스커트에 리본 라인 자수

백 스티치 리본을 라인처럼 배열하니 그리운 정취가 물씬 풍긴다.
리본의 배치와 크기를 바꿔서 윗옷 밑단이나 백에 수놓아도 멋지다.

how to make p.77

허브 장식 칼라와 커프스

방금 딴 꽃을 정성 들여 눌러서 생생하게 되살린 압화의 이미지.
옷에 달면 칼라에서 향긋한 향기가 날 것만 같다.
커프스와 세트로 착용하면 평범한 카디건이 훌륭한 외출복으로 바뀐다.

how to make p.82

34 'HERBS' pattern

캐미솔에 부케 자수

장미를 주인공으로 여러 허브를 리본으로 묶으니 사랑스러운 부케 도안이 되었다.
가슴에 수놓았더니 옷이 금세 화사해졌다.

how to make p.86

1색 자수 사셰

좋아하는 포푸리를 채우고 향기를 담아보자.
캐미솔에서 뽑은 도안인데, 스티치를 바꾸니 느낌이 전혀 새롭다.
아우트라인 스티치는 가늘게 수놓는 것이 포인트.

how to make p.87

TOOLS AND MATERIALS
재료와 도구

① 프랑스 자수바늘
일반 바늘보다 끝이 뾰족하고 바늘구멍이 크다. 바늘 번호는 숫자가 커질수록 가늘고 짧아진다. 실 가닥수에 맞게 적절한 바늘을 사용하는 것이 중요하다.

② 25번 자수실
이 책에서는 DMC 자수실을 사용한다. 6가닥의 가는 실이 느슨하게 묶여 있으므로 1가닥씩 빼서 사용한다.

25번 자수실	프랑스 자수바늘
1가닥	No.9~8
2~3가닥	No.7~6
4~5가닥	No.5
6가닥	No.4

③ 자수틀
천을 팽팽하게 당겨주는 도구. 도안 크기에 따라 지름 10cm와 15cm로 구별해서 사용한다. 안쪽 틀에 면 테이프를 감아두면 천이 상하지 않는다.

④ 천
마, 면마, 면을 사용한다. 올이 일정하고 장력 있는 천을 선택하자.

⑤ 접착심지
천 1장으로 완성해 안쪽이 보이는 작품을 제외하고는 자수 전에 얇은 접착심지를 붙인다. 적당하게 장력이 생기고 바늘도 잘 들어가는 니트 타입을 권한다.

⑥ 편면 초크지
천에 도안을 베낄 때 사용하는 복사지. 옅은 색 천에는 파랑이나 그레이, 짙은 색 천에는 흰색을 사용한다.

⑦ 셀로판
도안을 덧그릴 때 투사지가 찢어지지 않도록 사용한다.

⑧ 투사지
도안을 베끼는 투명하고 얇은 종이. 도안이나 패턴이 큰 경우는 패턴지로 대신한다.

⑨ 트레이서
도안을 덧그리는 도구. 잉크 없는 볼펜으로도 가능하다.

⑩ 수성 초크 펜
초크지로 베낀 다음 도안을 다시 그릴 때 사용한다.

⑪ 재단 가위
천을 자를 때는 전용 가위를 사용한다.

⑫ 수예 가위
섬세한 작업에 유용한 끝이 뾰족한 가위. 실을 자르거나 천 끝을 처리할 때 요긴하다.

⑬ 실 꿰는 도구
자수실을 바늘구멍에 끼우는 전용 도구. 실을 꿰기 편하다.

25번 자수실 사용법

라벨을 빼서 타래를 세심하게 푼 다음 12등분으로 접고 양 끝의 고리를 자른다. 라벨을 다시 끼우고 느슨하게 실을 꼰다.

사용할 때는 바늘구멍 쪽으로 1가닥씩 빼서 필요한 가닥수를 맞춘다.

자수실 꿰는 법

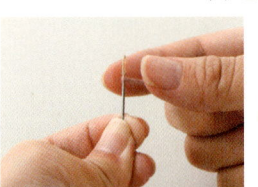

1. 바늘구멍 쪽에 실 끝을 걸어서 반으로 접고 손가락으로 눌러 바늘을 살짝 빼내 접은 자국을 낸다.

2. 손가락 사이로 실 끝을 약간 빼고 바늘을 갖다 대듯이 구멍에 끼운다.

LESSON
허브 장식 칼라를 수놓아보자

1. 천은 자수틀을 끼우기 편한 크기로 여유 있게 재단한다. 안쪽에 접착심지를 붙인다. 다리미를 밀지 말고 누르듯이 다린다.

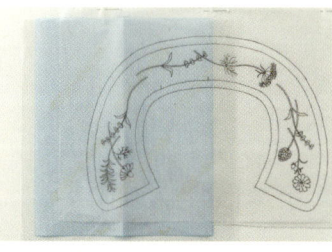

2. 투사지에 도안과 완성선을 베끼고 시접을 넣는다. 천 겉쪽에 초크지, 투사지, 셀로판의 순서로 겹친다.

3. 트레이서로 도안과 완성선을 덧그린다.

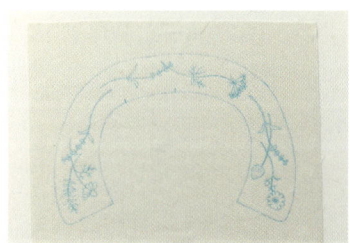

4. 도안을 베낀 모습. 흐린 곳이 있으면 초크 펜으로 다시 그린다.

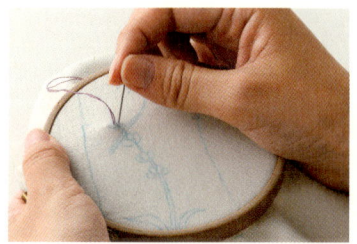

5. 올이 비뚤어지지 않게 주의하며 자수틀을 끼우고, 실이 걸리지 않도록 조절 나사를 쥐듯이 잠는다.

6. 이 작품처럼 도안을 겹쳐서 표현한 경우 앞쪽에 있는 것부터 수놓기 시작한다. 도안 전체에서 크기 차이가 있는 경우는 면적이 넓은 것부터 수놓는다.

7. 꽃잎과 꽃술이 겹쳐 있는 도안은 뒤쪽 꽃잎에서 앞쪽 꽃술 쪽으로 수놓는다. 먼저 물색의 롱 앤드 쇼트 스티치부터 수놓아간다.

8. 이어서 짙은 물색의 롱 앤드 쇼트 스티치와 같은 색의 꽃봉오리, 황록색의 스트레이트 스티치의 순서로 수놓는다.

9. 감색의 스트레이트 스티치를 수놓은 다음, 마지막에 눌리기 쉬운 프렌치 노트 스티치를 흰색으로 수놓는다.

10. 자수가 모두 끝났다.

11. 안쪽에서 본 모습. 같은 색인 곳은 도안이 가까운 경우 실을 자르지 않고 연결해서 수놓고, 1cm 이상 떨어져 있는 경우는 실을 자른다.

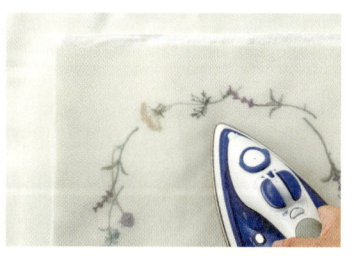

12. 분무기로 뿌리거나 물세탁해서 초크를 지운다. 안쪽에서 실크 오건디(노방) 같은 얇은 헝겊을 대고 다림질한다. 다시 안쪽에 완성선과 시접선을 베낀다.

BASIC STITCH
기본 스티치

STRAIGHT STITCH
[스트레이트 스티치] 1땀으로 완성할 수 있는 스티치. 꽃술이나 줄기 등을 표현할 때 사용한다.

arrange 3회 겹친다

같은 구멍에 바늘을 3번 빼고 넣는다. 작은 나뭇잎을 표현

BACK STITCH
[백 스티치] 박음질과 같은 요령으로, 같은 간격의 바늘땀으로 수놓는다.

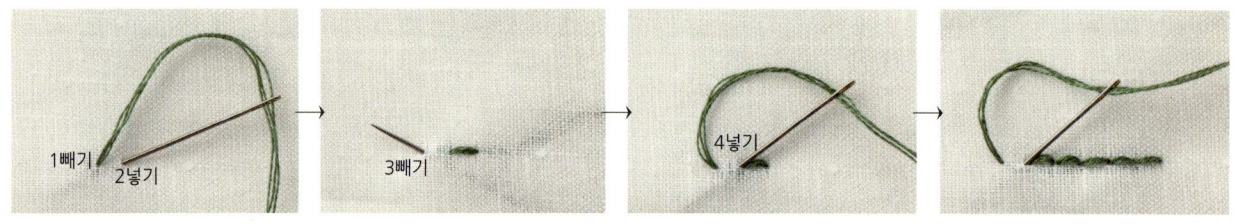

OUTLINE STITCH
[아우트라인 스티치] 윤곽선을 표현할 때 사용한다.
같은 간격의 바늘땀으로 왼쪽에서 오른쪽으로 수놓아간다.

arrange 굵은 선을 표현

같은 구멍에 넣지 않고 비켜서 겹친다. 줄기 등을 표현

이전 바늘땀의 반을 되돌아가 다음 바늘을 뺀다   같은 구멍에 넣는다   빼낸 실은 항상 아래쪽으로 가져온다

LAZY DAISY STITCH
[레이지 데이지 스티치] 실을 세게 당기지 않도록 주의하며 동그란 모양을 만든다.

arrange 좁고 길게 표현

바늘을 빼낸 거리에 따라 완성 모양이 달라진다

2는 1과 같은 구멍에 넣는다

CHAIN STITCH

[체인 스티치] 레이지 데이지 스티치를 연달아 수놓아서 사슬 모양을 만든다.

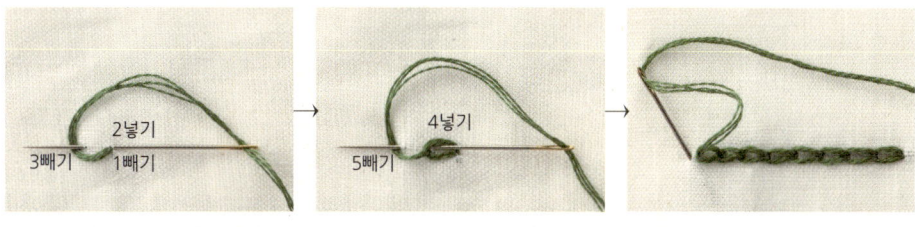

실은 항상 같은 방향으로 돌려서 건다

마지막은 레이지 데이지 스티치의 요령으로 수놓는다

SATIN STITCH

[새틴 스티치] 실을 항상 평행으로 건네서 도안을 채운다.

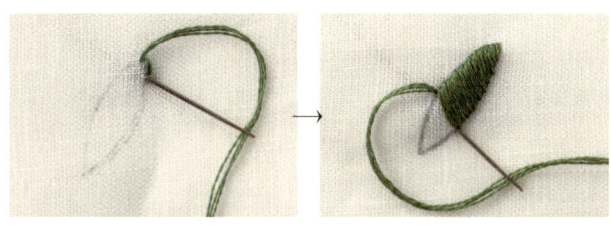

point 중앙부터 수놓는다   point 부채꼴로 수놓는다

좌우대칭의 도안은 중앙에서 끝 쪽으로 수놓는다

숨김 땀(빈틈을 메우는 짧은 바늘땀)을 적절히 넣어 도안을 메운다

LONG AND SHORT STITCH

[롱 앤드 쇼트 스티치] 긴 바늘땀과 짧은 바늘땀으로 수놓아서 도안을 채운다. 꽃잎 같은 입체적인 표현에.

FRENCH KNOT STITCH

[프렌치 노트 스티치] 사진은 2회 감기. 크기는 실 가닥수로 조절한다.

바늘을 빼고 바늘 끝에 실을 지정된 횟수만큼 감는다

올을 1가닥 정도 비껴서 수직으로 바늘을 넣는다

실을 당겨서 바늘에 감은 실을 조인다. 매듭을 손가락으로 누르고 바늘을 밑으로 당긴다

LEAF STITCH

[리프 스티치] 나뭇잎을 표현하는 스티치. 도안에 따라 바늘땀의 크기나 간격을 조정한다.

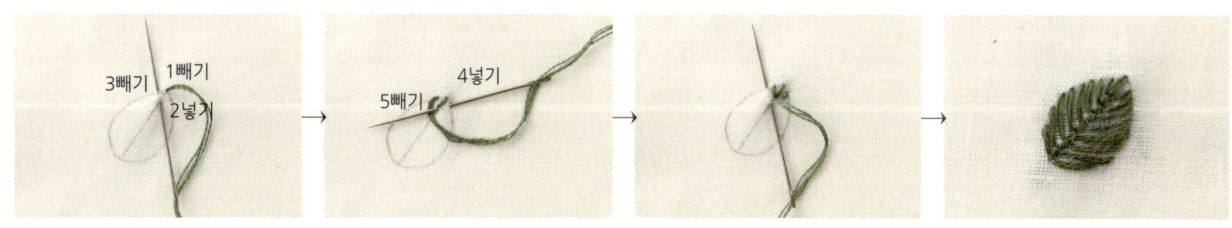

POINT LESSON

컷워크

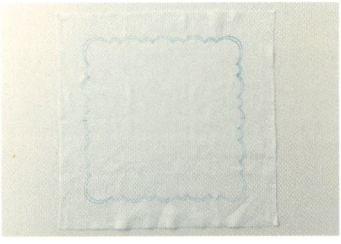

1. 스캘럽 도안을 베낀다. 컷워크를 할 경우 접착심지는 붙이지 않는다.

2. DMC 브로더 스페셜(어 브로더) 16번으로 완성선의 약간 안쪽을 러닝 스티치로 수놓는다. 안쪽 바늘땀은 되도록 작게 수놓는다.

3. 같은 방법으로 스캘럽 전체에 두께감이 생기도록 러닝 스티치를 3바퀴 수놓는다.

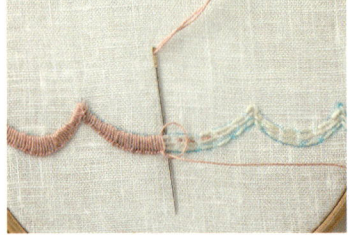
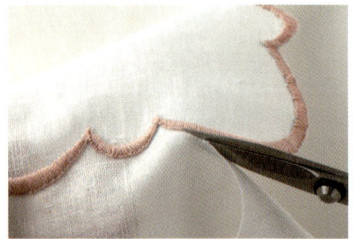

4. DMC 브로더 스페셜 25번으로 실을 바꾸고, 스캘럽을 뜨듯이 바늘을 넣고 버튼홀 스티치를 수놓는다. ※ 여기서는 이해하기 쉽게 색을 바꿔서 했다.

5. 한 땀씩 겹치지 않게 수놓는다. 러닝 스티치가 보이지 않게 된다.

6. 모두 수놓은 다음 끝이 뾰족한 가위로 자수를 자르지 않도록 주의하며 스티치 가장자리를 자른다.

자수 시작과 마무리

면의 경우

자수 시작은 매듭을 짓지 않고 3~4땀 뜨고 나서 채워간다.

자수 마무리는 안쪽의 스티치 속으로 통과시켜 실만 뜨면서 2회 정도 박음질하고 실을 자른다.

선의 경우

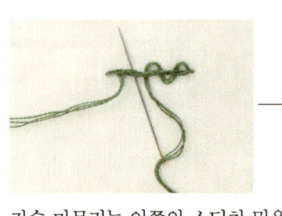

자수 시작은 매듭을 짓지 않고 실 끝을 천의 안쪽으로 약 10cm 남겨둔다.

자수 마무리는 안쪽의 스티치 밑을 지나 실을 당겨 잘 어우러지게 마무리한다. 자수 시작의 실도 같은 방법으로 마무리한다.

HOW TO MAKE 작품 만드는 법

이 책의 작품은 실제로 착용하거나 들고 다니는 것을 전제로 만들었다.
따라서 자수를 시작하기 전과 후에 천을 손질해서 작품의 완성도를 높여보자.

{ 수를 놓기 전에 }

천의 올 바로잡기
천을 재단하기 전에 올 바로잡기(물에 담가서 올을 정돈하는 일)를 한다. 이 과정이 없이 수를 놓으면 나중에 천이 줄어들어 자수가 비뚤어질 가능성이 있다.
우선 천의 가로 실을 1가닥 뽑고 그 선을 따라 가지런히 자른 다음 올이 비뚤지 않은지 확인한다. 물에 1시간 정도 푹 담갔다가 가볍게 탈수시키고 그늘에서 말린다. 반건조된 상태에서 올 대로 다림질한다. 천의 모서리가 직각이 되도록 신경을 쓰면서 올을 바로잡는다.

접착심지 사용법
안쪽이 보이지 않게 완성하는 작품은 자수를 시작하기 전에 접착심지를 붙인다. 접착심지를 붙이면 장력과 강도가 높아지기 때문에 자수틀에 끼워서 당겨도 천이 비뚤어지지 않고 모양이 예쁘게 완성된다. 니트 타입의 접착심지가 어느 천에든지 맞추기 쉽고 바늘도 잘 들어간다.

{ 수를 놓은 후에 }

마무리 방법
자수를 끝내면 먼저 초크지나 수성 초크 펜의 선을 지운다. 다림질을 하고 나면 지우기 힘들기 때문에 주의한다. 자수 면적이 넓어서 분무기로 지우기 곤란한 경우는 자수 면을 안으로 해서 세탁 망에 넣고 손바닥으로 누르듯이 물세탁한다.
작은 것은 수건 사이에 끼워서 물기를 뺀 다음 마른 수건 위에 펴놓고 말린다. 큰 것은 세탁기의 손세탁 기능을 이용해 몇십 초 탈수시킨 다음 올이 비뚤지 않게 모양을 정돈하고 그늘에서 말린다.

다림질 방법
다리미판 위에 깨끗한 수건을 펴고 자수 면이 수건에 닿도록 놓는다.
천이 반건조된 상태에서 자수 면의 안쪽을 다림질해야 자수가 눌리지 않고 볼륨감 있게 완성된다. 어쩔 수 없이 겉에서 다림질할 경우는 헝겊을 대서 문지르지 말고 살짝 다린다.
헝겊은 화학섬유보다는 열에 강하고 자수가 잘 보이는 실크 오건디(노방, 오간자) 같은 것이 좋다.

세탁 방법
완성한 후에는 물세탁을 하는 요령으로 세탁하는데, 세제는 형광물질이 들어 있는 것은 피하고 중성세제를 사용한다.

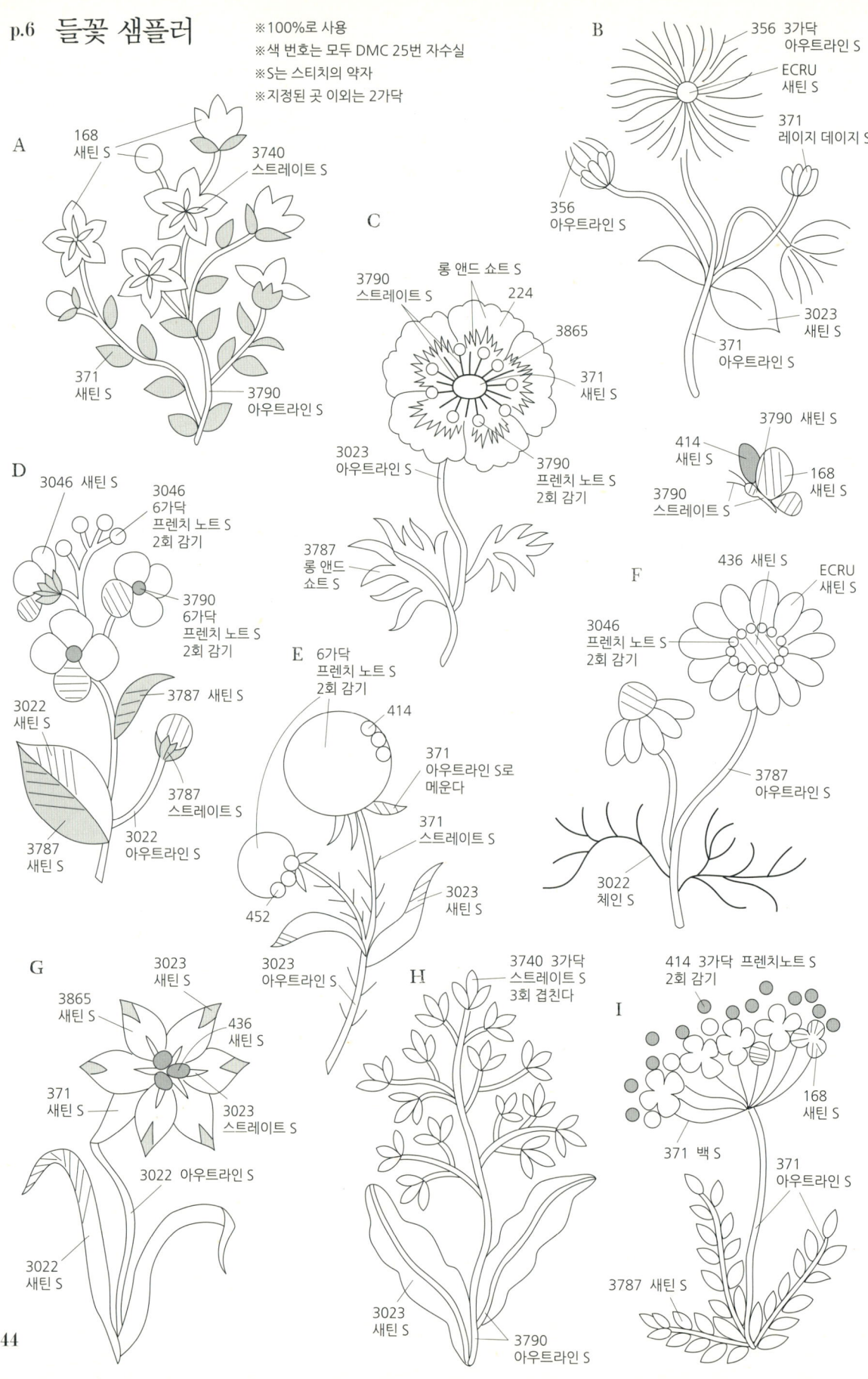

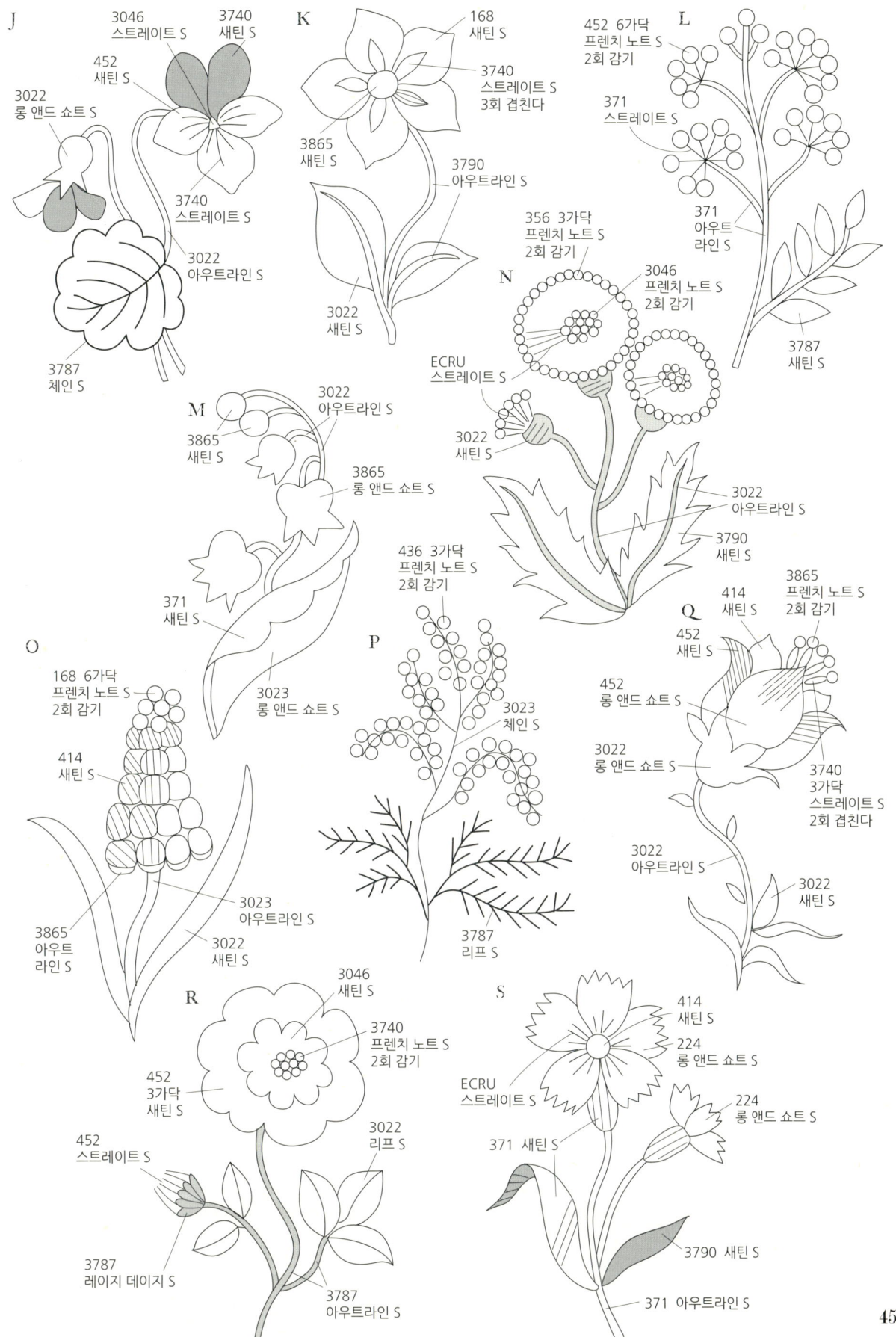

p.5 보리 리본 헤어핀

⟨DMC 25번 자수실⟩
　3013・3787(그린 계열), 452(핑크 계열)
⟨재료⟩
　면마(그린)　45×15cm
　접착심지　30×15cm
　헤어핀 금속　1개
⟨완성 사이즈⟩　그림 참조
⟨만드는 법⟩　여유 있게 재단한 천에 수를 놓는다(p.39 참조). 그림처럼 재단하여 완성한다.

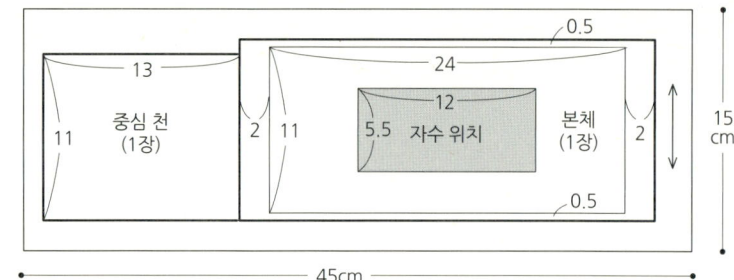

재단 배치도

※본체는 안쪽에 접착심지를 붙인다

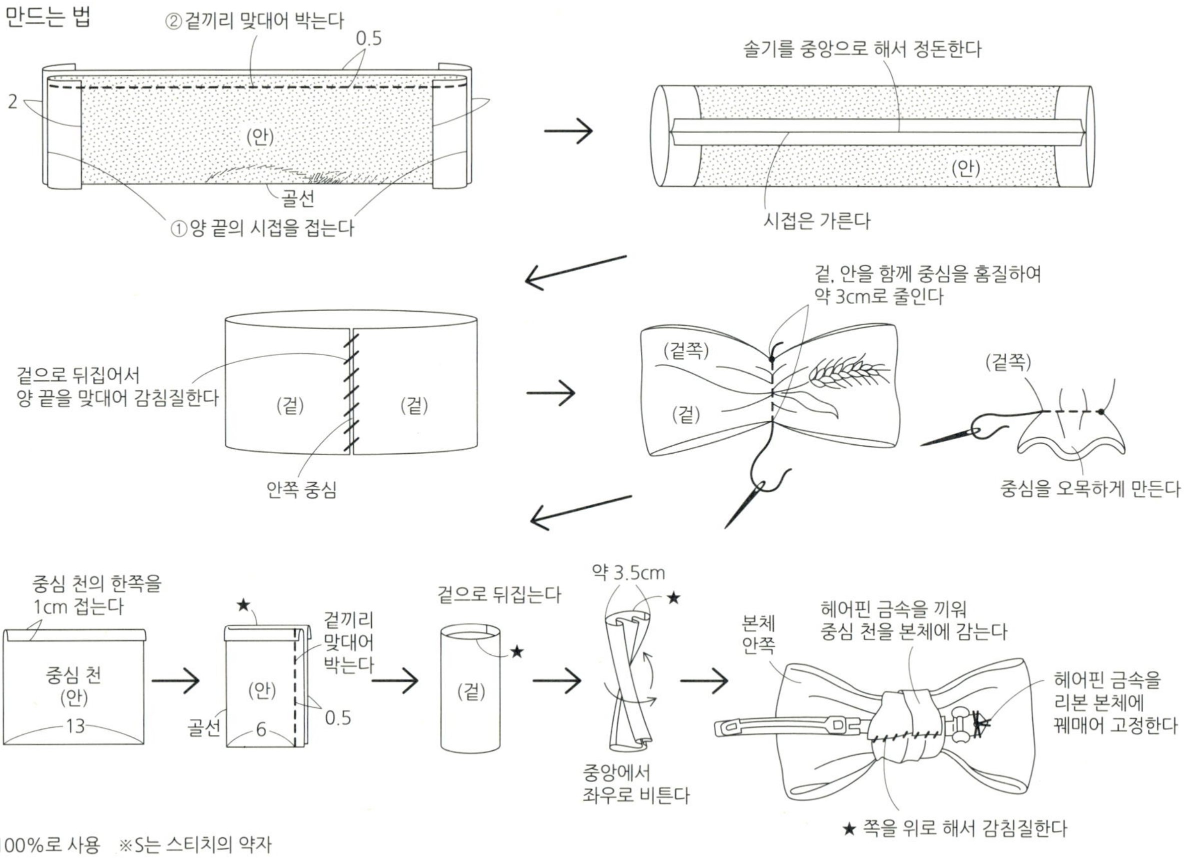

※100%로 사용　※S는 스티치의 약자

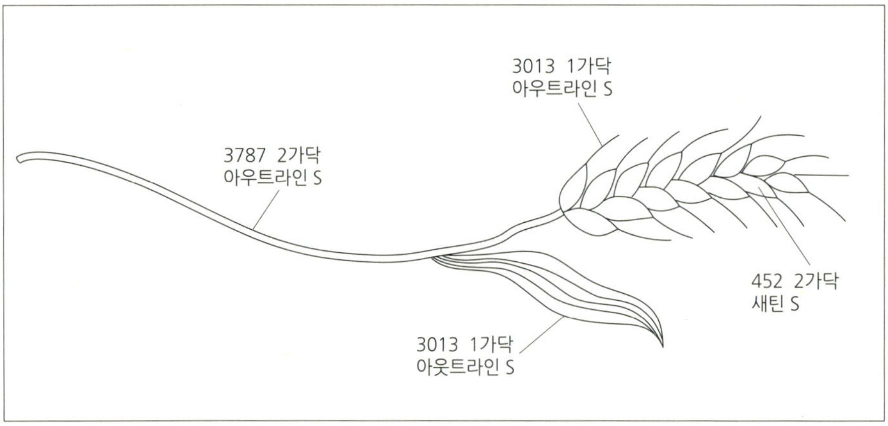

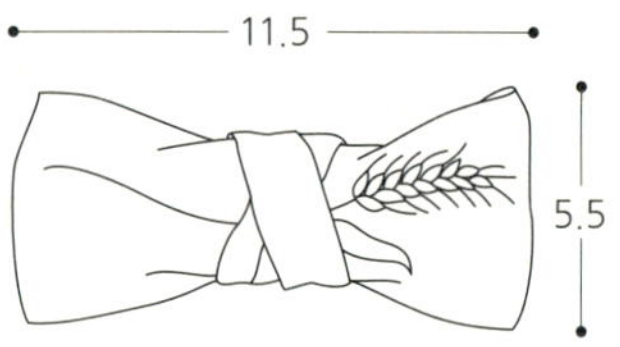

p.8 들꽃 모티프 브로치

〈DMC 25번 자수실〉
C 522·936(그린 계열), 154·3041·3743(퍼플 계열),
829(카키 계열)
D 522·936(그린 계열), 677(옐로 계열), 932(블루 계열)
O 522·936(그린 계열), 3041·3743(퍼플 계열),
3865(화이트 계열)
M 522·936(그린 계열), 648(그레이 계열), 932(블루 계열),
3865(화이트 계열)
S 415·648(그레이 계열), 3041·3743(퍼플 계열),
677(옐로 계열), 936(그린 계열)

〈재료〉(1개분)
면 또는 마 10 × 12cm 이상(자수틀에 끼우기 편한 크기)
싸개단추(클로버·브로치 세트 타원형 55) 1세트
접착심지 8.5 × 10cm

〈완성 사이즈〉 5.5 × 4cm

〈만드는 법〉 여유 있게 재단한 천에 수를 놓는다(p.39 참조).
그림처럼 재단하여 완성한다.

만드는 법 ※100%로 사용
※표기된 것 이외의 스티치와 실 가닥수는 p.44, 45
※S는 스티치의 약자

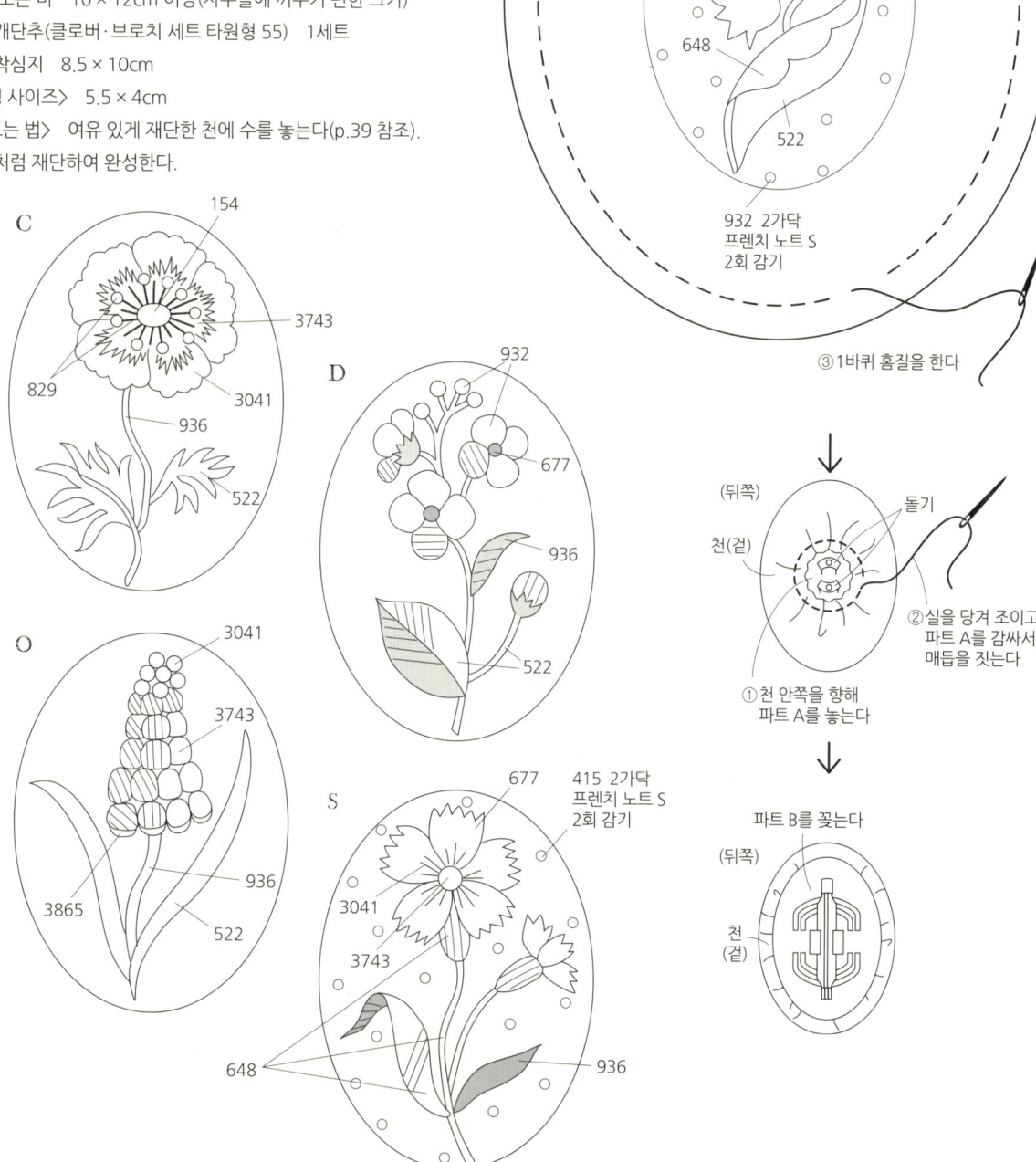

47

p.9 푸른 꽃 클러치 백

〈DMC 25번 자수실〉
648(그레이 계열), 823(네이비 계열), 931(블루 계열),
3865(화이트 계열)

〈재료〉
겉감: 마(감색)　55 × 60cm
안감: 면(스트라이프)　50 × 70cm
접착심지　55 × 60cm
프레임(약 9 × 31cm · INAZUMA WK-3101)　1세트

〈완성 사이즈〉　37 × 27 × 8cm

〈도안·패턴〉　p.49(겉주머니), p.88(속주머니, 안 포켓)

〈만드는 법〉　여유 있게 재단한 겉주머니의 천에 수를 놓는다(p.39 참조).
그림처럼 재단하여 완성한다.

재단 배치도 겉감

※안쪽에 접착심지를 붙인다

만드는 법

속주머니는 안 포켓을 달아
창구멍을 남기고 같은 모양으로 박는다

안감

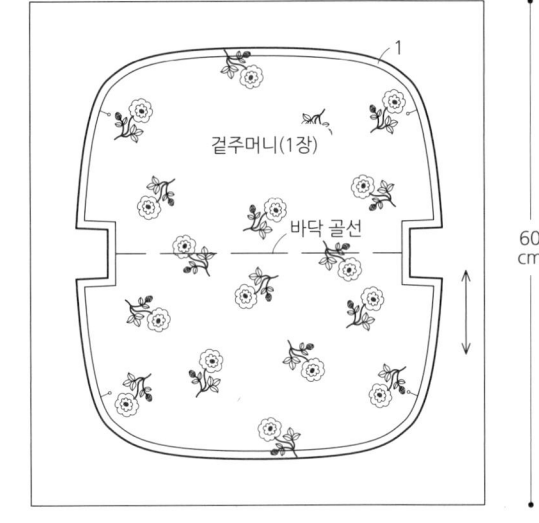

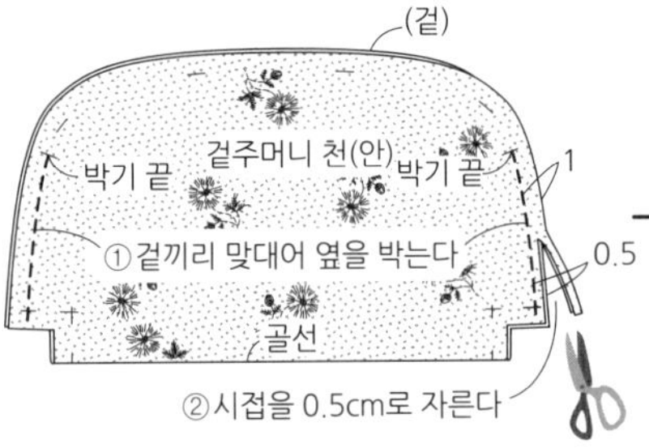

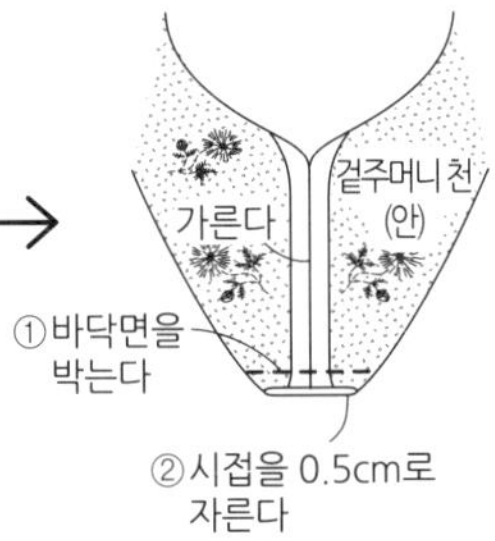

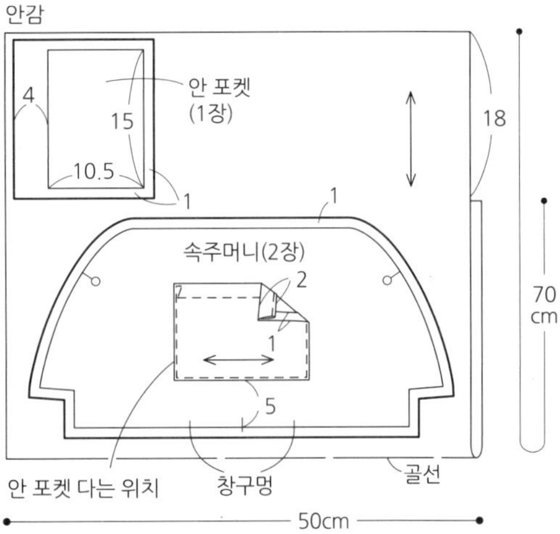

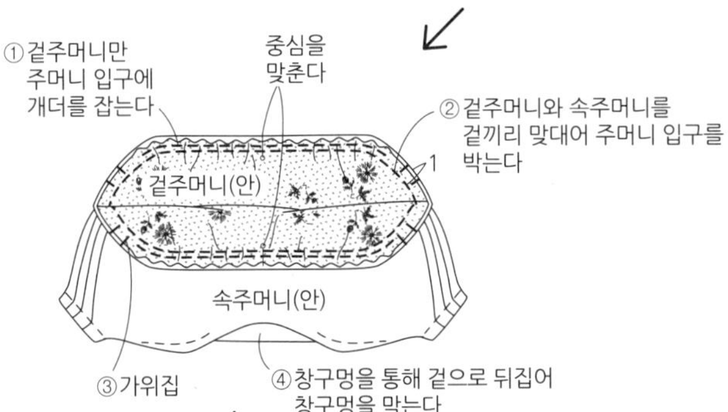

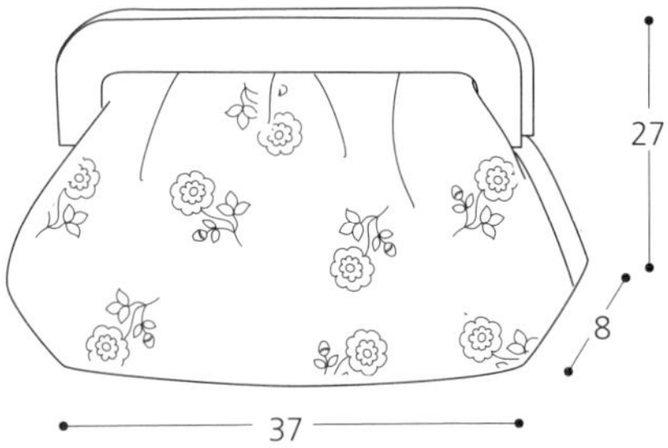

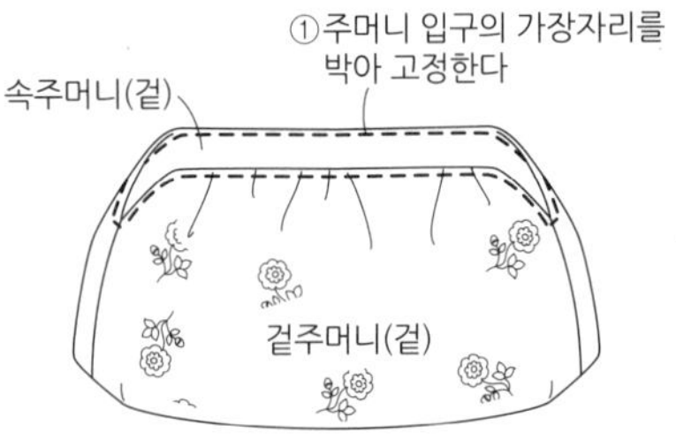

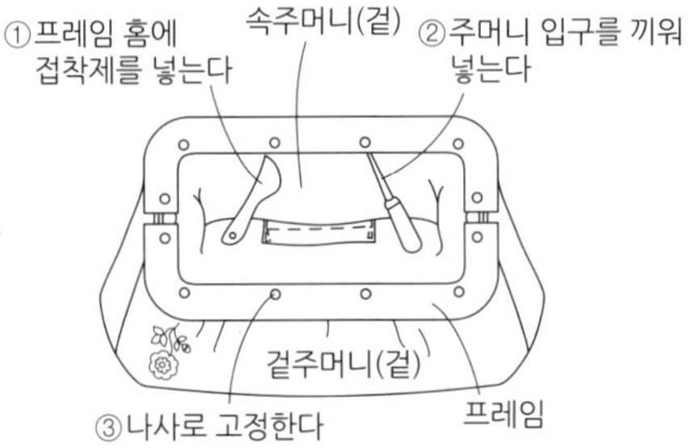

겹주머니
(겉감 1장)

3865 2가닥 새틴 S
823 2가닥 프렌치 노트 2회 감기
931 3가닥 새틴 S
931 3가닥 스트레이트 S
648 3가닥 레이지 데이지 S
648 3가닥 아우트라인 S
648 3가닥 리프 S

박기 끝
개더 끝
완성선보다 조금 바깥쪽까지 수놓습니다
앞단 중심
바닥 굴선

※ 200%로 확대하여 사용
※ S는 스티치의 약자

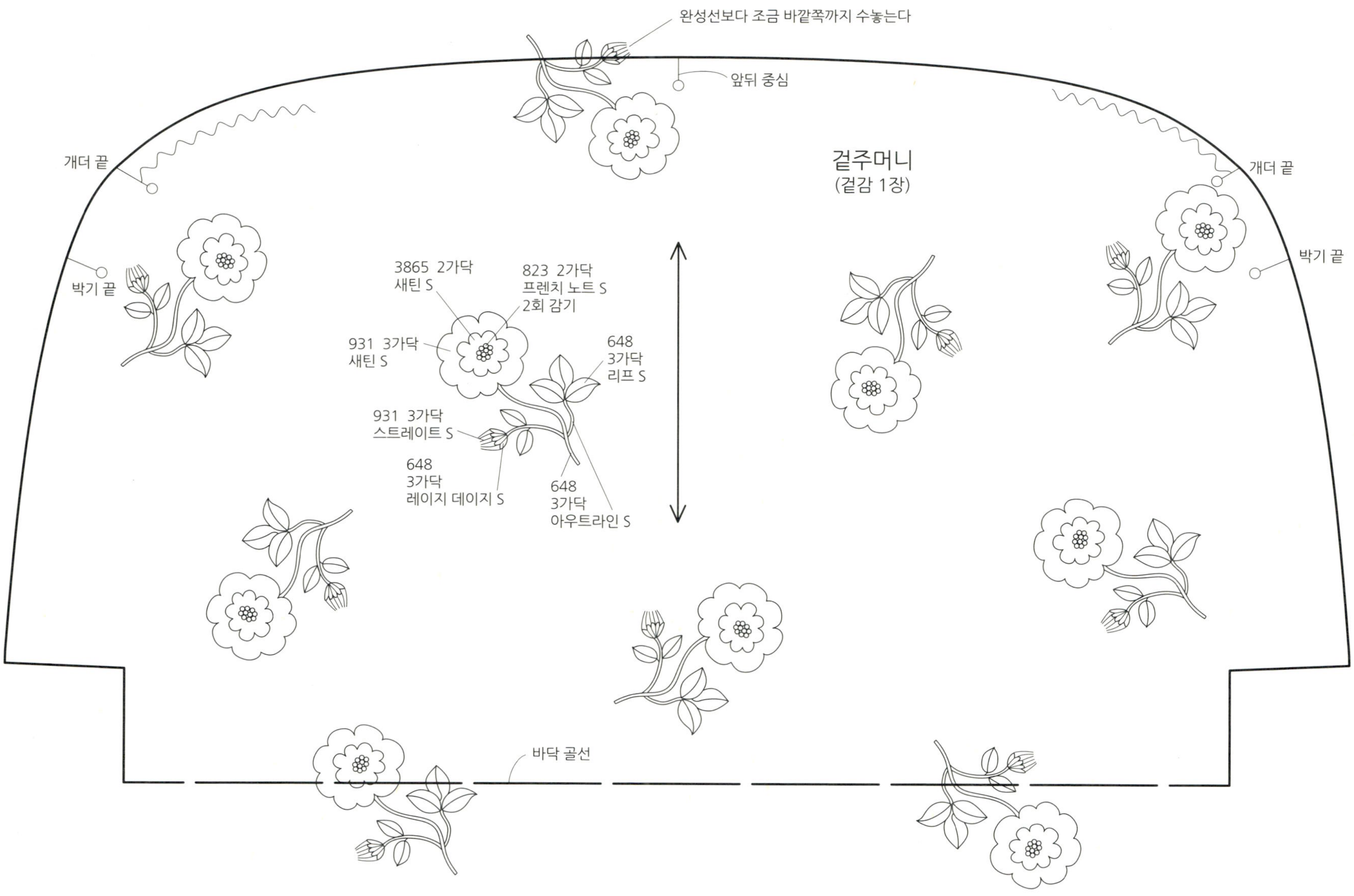

p.10 2색 자수 세일러 칼라

〈DMC 25번 자수실〉
 453(베이지 계열), 928(그린 계열)
〈재료〉
 면마(베이지) 87×45cm
 폭 1.8cm의 면 레이스 110cm
〈완성 사이즈〉 32.5×34cm 목둘레 49.5cm
〈도안·패턴〉 p.51
〈만드는 법〉 여유 있게 재단한 본체의 천에 수를 놓는다(p.39 참조).
그림처럼 재단하여 완성한다.

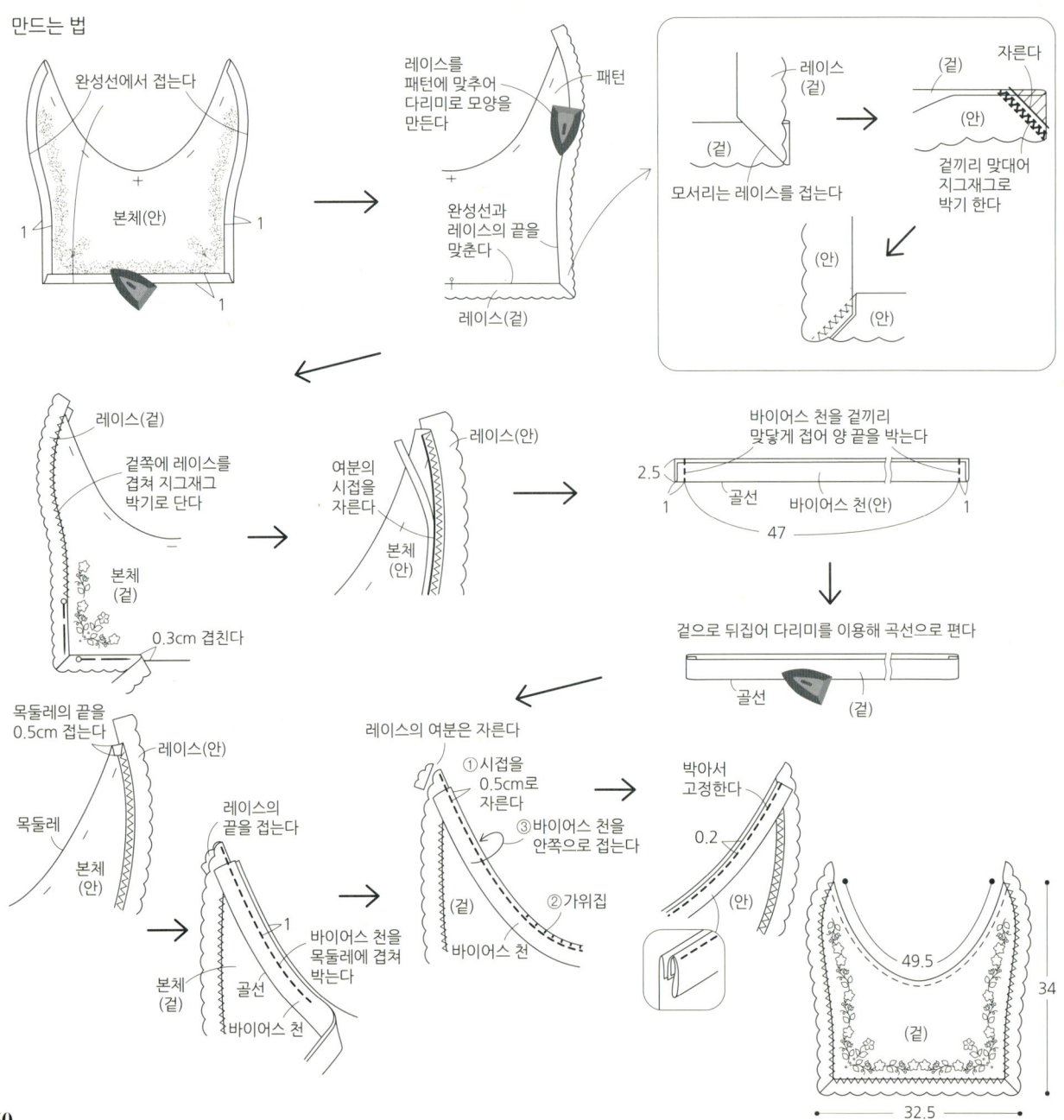

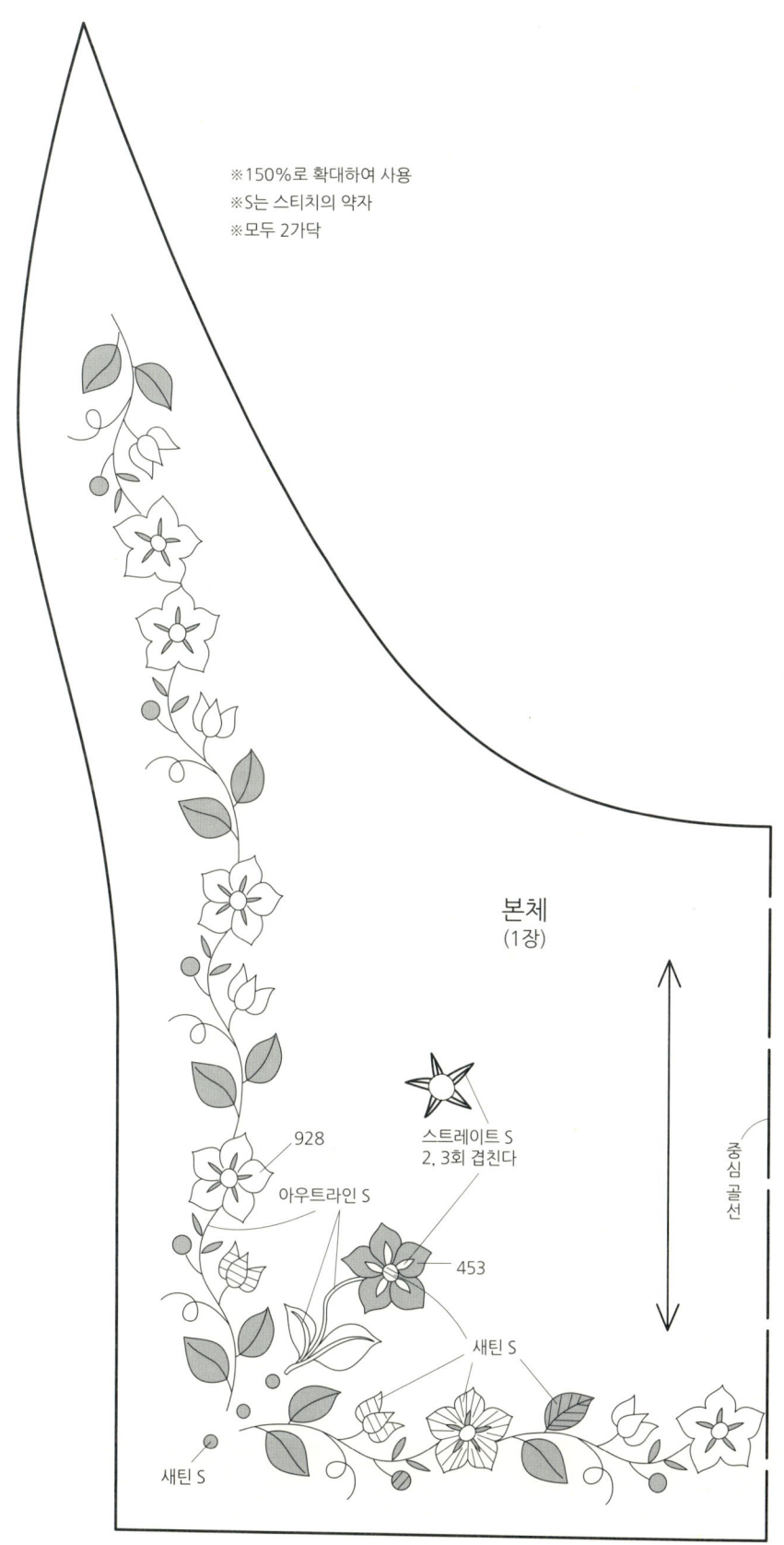

p.12 들꽃 무늬 그래니 백

〈DMC 25번 자수실〉
733·928·3021·3053(그린 계열), 930·926(블루 계열),
648·3024(그레이 계열), 632(브라운 계열), 746(옐로 계열),
3774(핑크 계열), 3865(화이트 계열)

〈재료〉
겉감: 마(물색) 110×50cm
안감: 면(파란색) 110×50cm
접착심지 110×50cm
파이핑 끈 160cm
대나무 손잡이(폭 21×12.5cm) 1세트

〈완성 사이즈〉 45×47cm(손잡이 포함)

〈도안·패턴〉 p.52(도안), p.89(겉주머니, 속주머니, 안 포켓)

〈만드는 법〉 여유 있게 재단한 겉주머니의 천 1장에 수를 놓는다
(p.39 참조). 그림처럼 재단하여 완성한다.

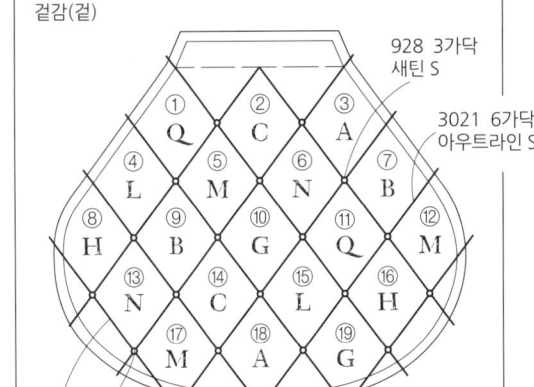

배치도
처음에 테두리를 수놓고 배치도를 참조하여 각 모티프를 수놓는다

※150%로 확대하여 사용 ※S는 스티치의 약자 ※지정된 것 이외는 3가닥

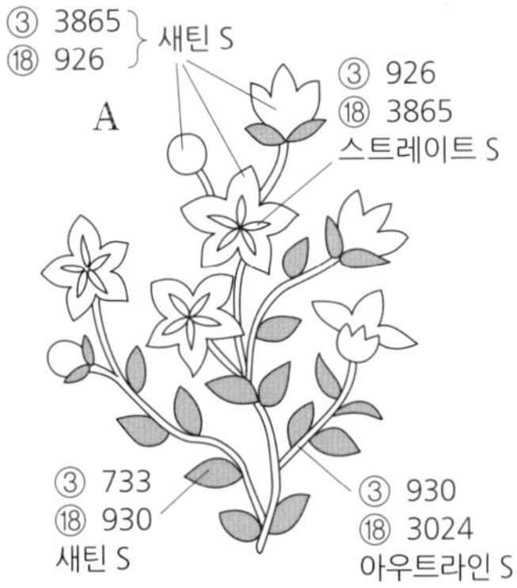

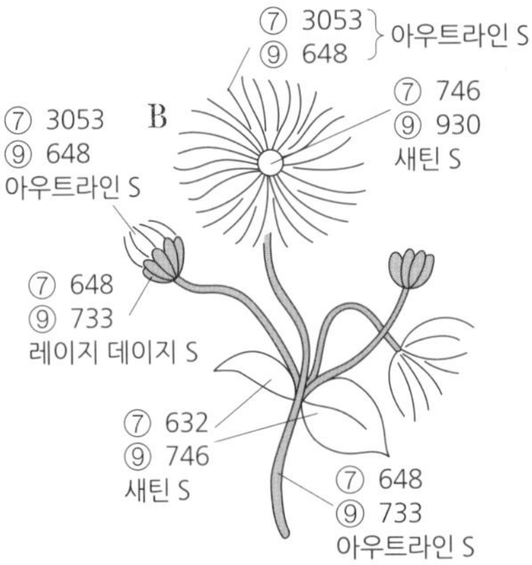

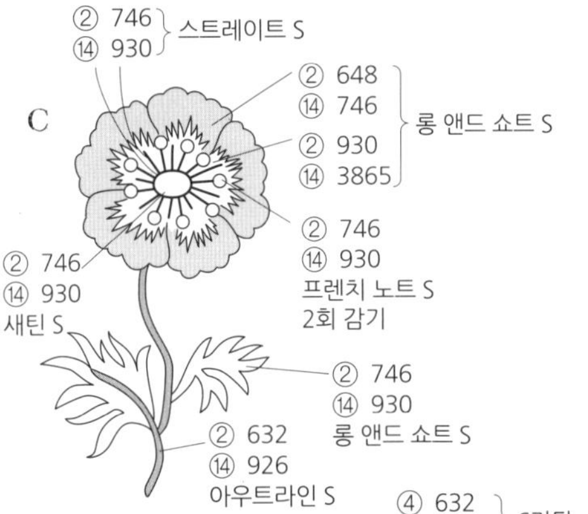

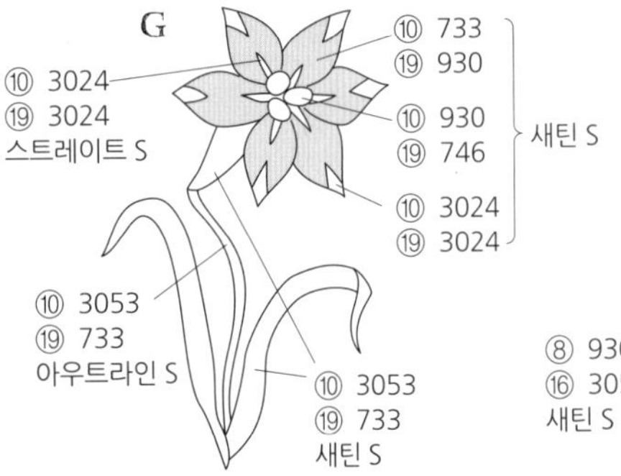

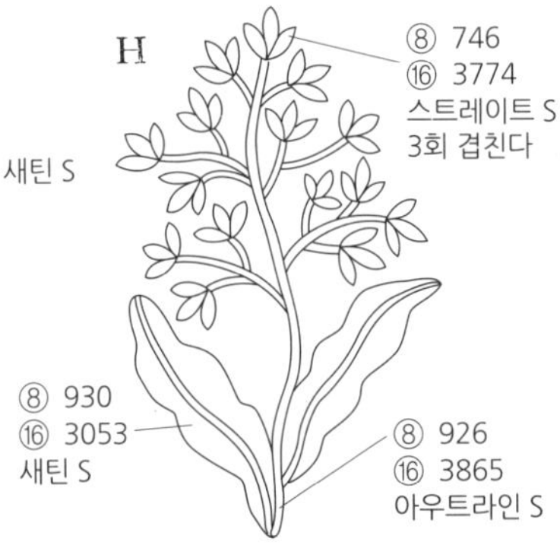

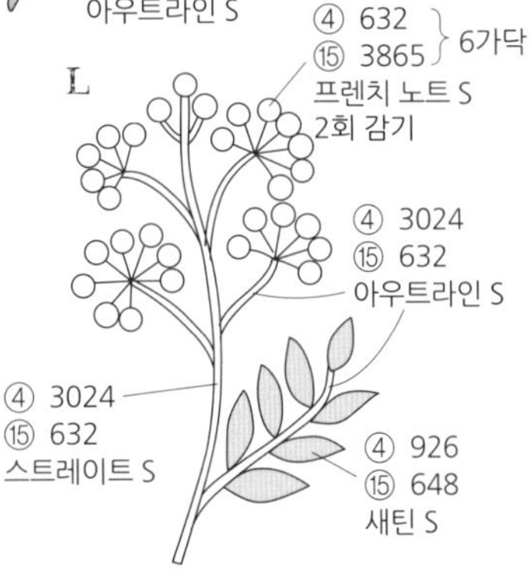

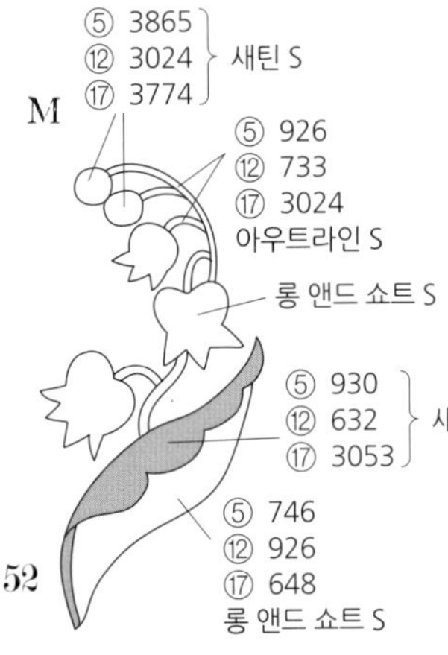

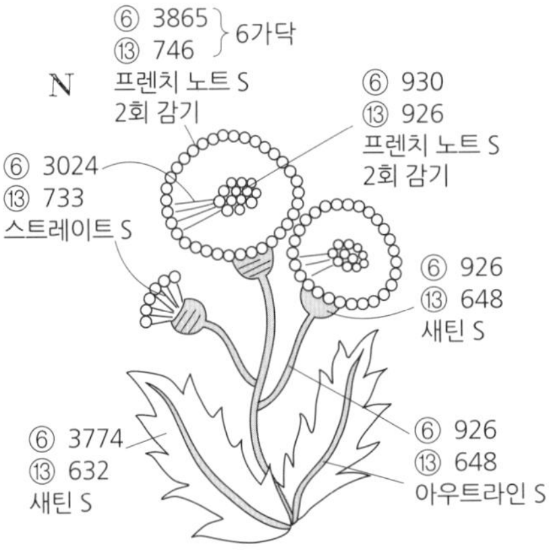

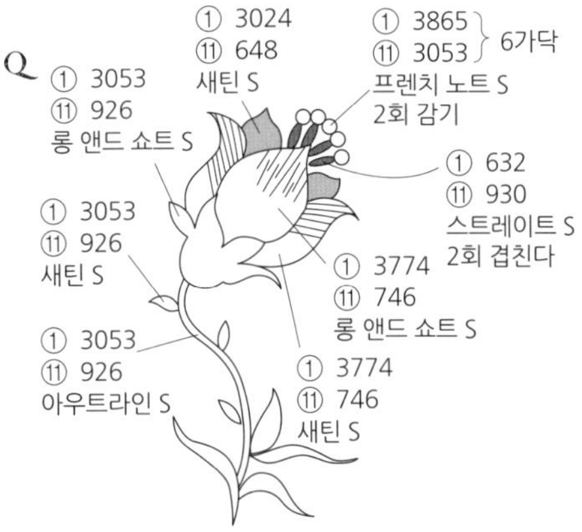

재단 배치도

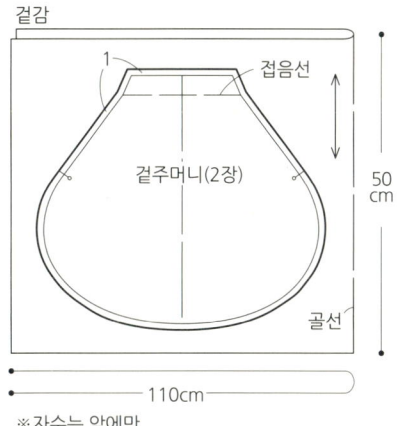

겉감
- 1
- 접음선
- 겉주머니(2장)
- 50 cm
- 골선
- 110cm

※ 자수는 앞에만
※ 안쪽에 접착심지를 붙인다

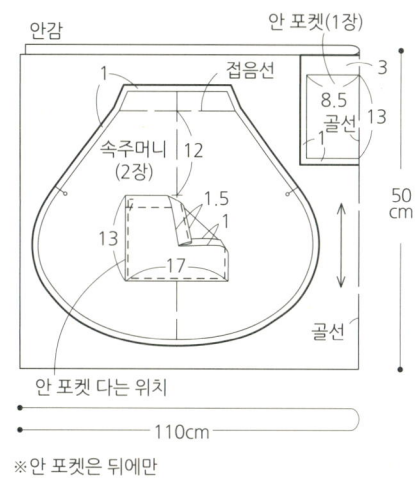

안감
- 안 포켓(1장)
- 3
- 8.5
- 골선
- 13
- 1
- 1
- 접음선
- 속주머니(2장)
- 12
- 1.5
- 1
- 13
- 17
- 50 cm
- 골선
- 안 포켓 다는 위치
- 110cm

※ 안 포켓은 뒤에만

만드는 법

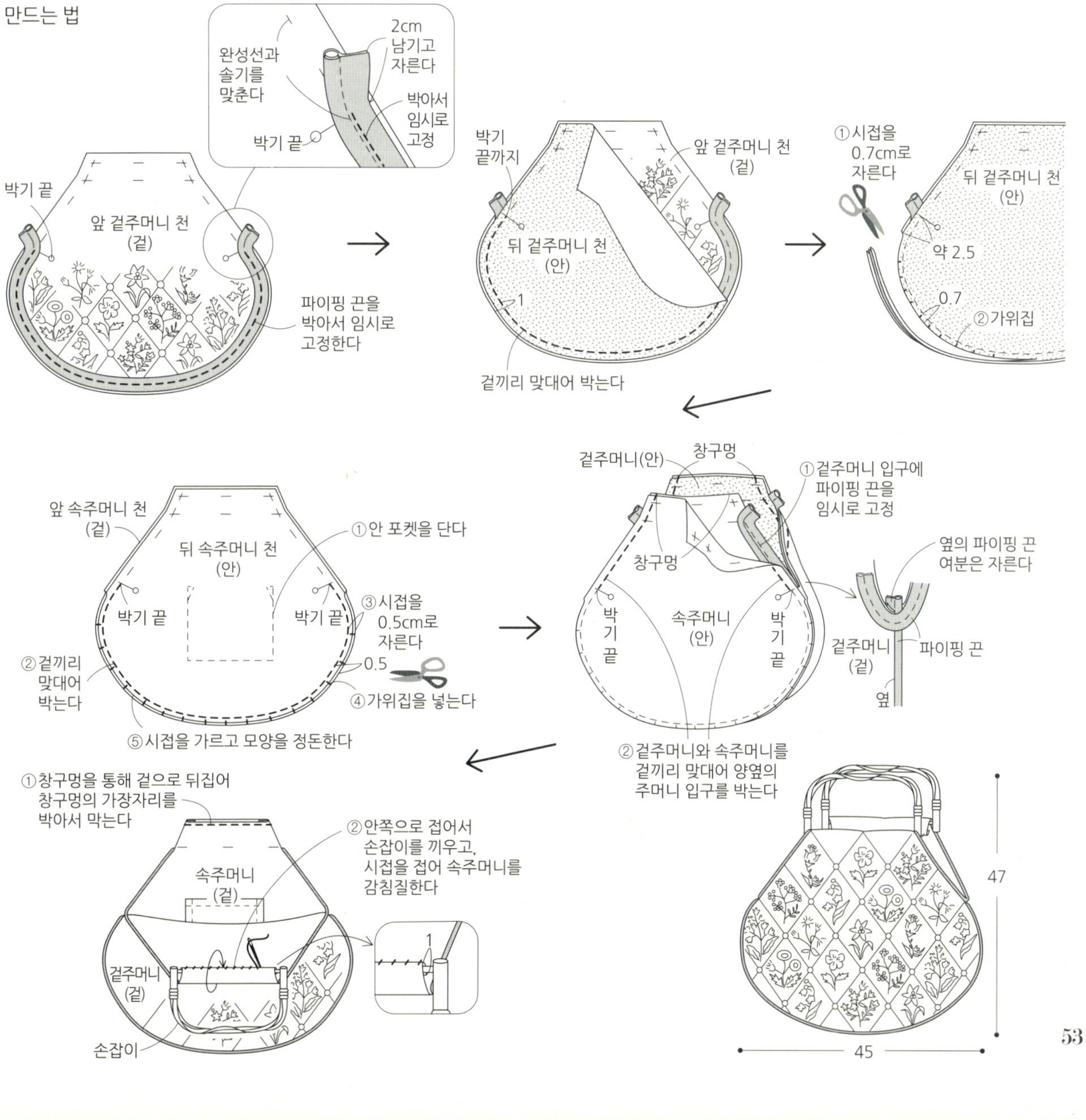

[1단계] 앞 겉주머니 천(겉)
- 박기 끝
- 파이핑 끈을 박아서 임시로 고정한다
- 완성선과 솔기를 맞춘다
- 2cm 남기고 자른다
- 박아서 임시로 고정
- 박기 끝

[2단계] 앞 겉주머니 천(겉) / 뒤 겉주머니 천(안)
- 박기 끝까지
- 1
- 겉끼리 맞대어 박는다

[3단계] 뒤 겉주머니 천(안)
- ① 시접을 0.7cm로 자른다
- 약 2.5
- 0.7
- ② 가위집

[4단계] 앞 속주머니 천(겉) / 뒤 속주머니 천(안)
- 박기 끝
- ① 안 포켓을 단다
- ② 겉끼리 맞대어 박는다
- ③ 시접을 0.5cm로 자른다
- 0.5
- ④ 가위집을 넣는다
- ⑤ 시접을 가르고 모양을 정돈한다

[5단계] 겉주머니(안) / 속주머니(안) / 겉주머니(겉)
- 창구멍
- ① 겉주머니 입구에 파이핑 끈을 임시로 고정
- 옆의 파이핑 끈 여분은 자른다
- 박기 끝
- 박기 끝
- 창구멍
- 파이핑 끈
- 옆
- ② 겉주머니와 속주머니를 겉끼리 맞대어 양옆의 주머니 입구를 박는다

[6단계] 속주머니(겉) / 겉주머니(겉) / 손잡이
- ① 창구멍을 통해 겉으로 뒤집어 창구멍의 가장자리를 박아서 막는다
- ② 안쪽으로 접어서 손잡이를 끼우고, 시접을 접어 속주머니를 감침질한다
- 1

[완성]
- 47
- 45

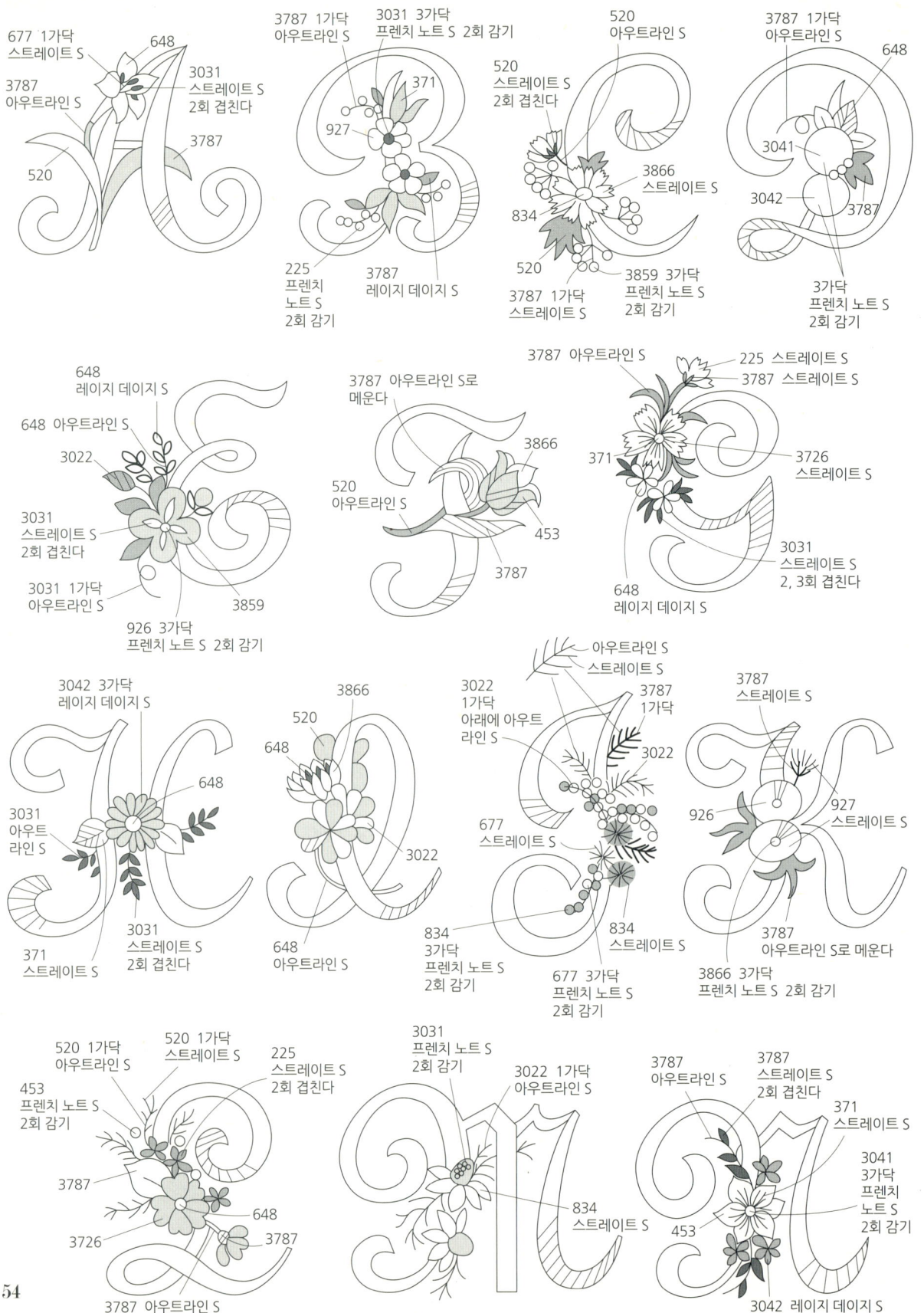

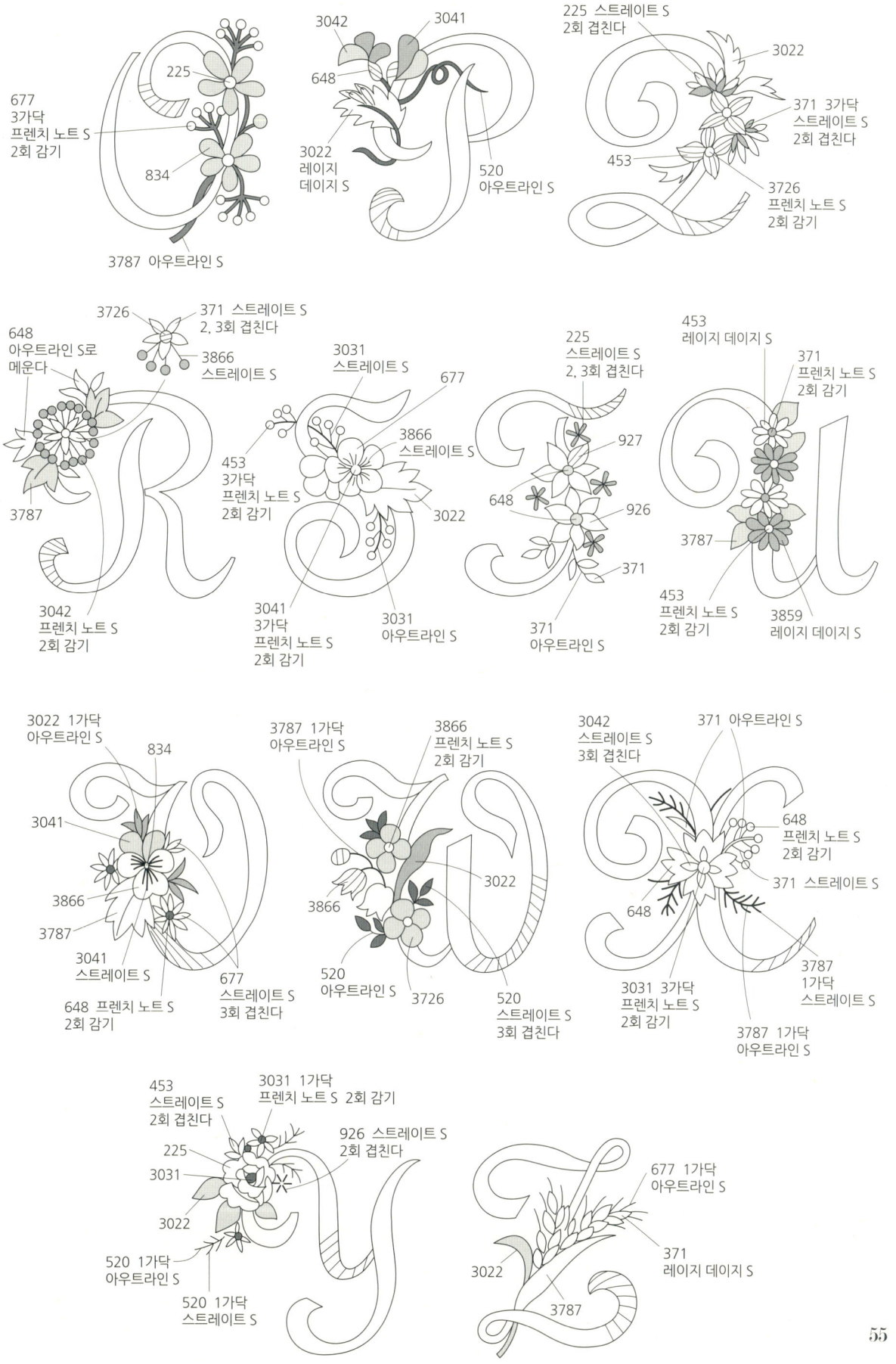

p.16 이니셜 자수 옷걸이 커버

〈DMC 25번 자수실〉
  159(블루 계열), 834(옐로 계열), 3362(그린 계열),
  3865(화이트 계열)
〈재료〉
  면(베이지) 45×55cm
  접착심지 45×55cm
〈완성 사이즈〉 37.5×21.5cm
〈도안·패턴〉 p.57
〈만드는 법〉 여유 있게 재단한 본체의 천 1장에 수를 놓는다(p.39 참조).
그림처럼 재단하여 완성한다.

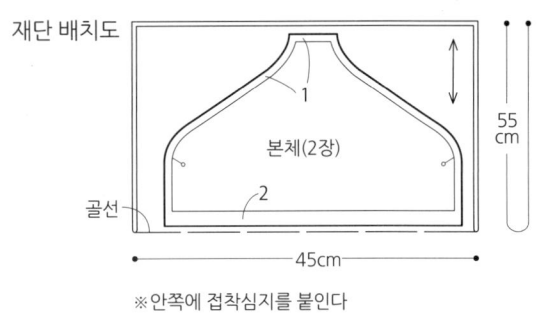

재단 배치도

※안쪽에 접착심지를 붙인다

만드는 법

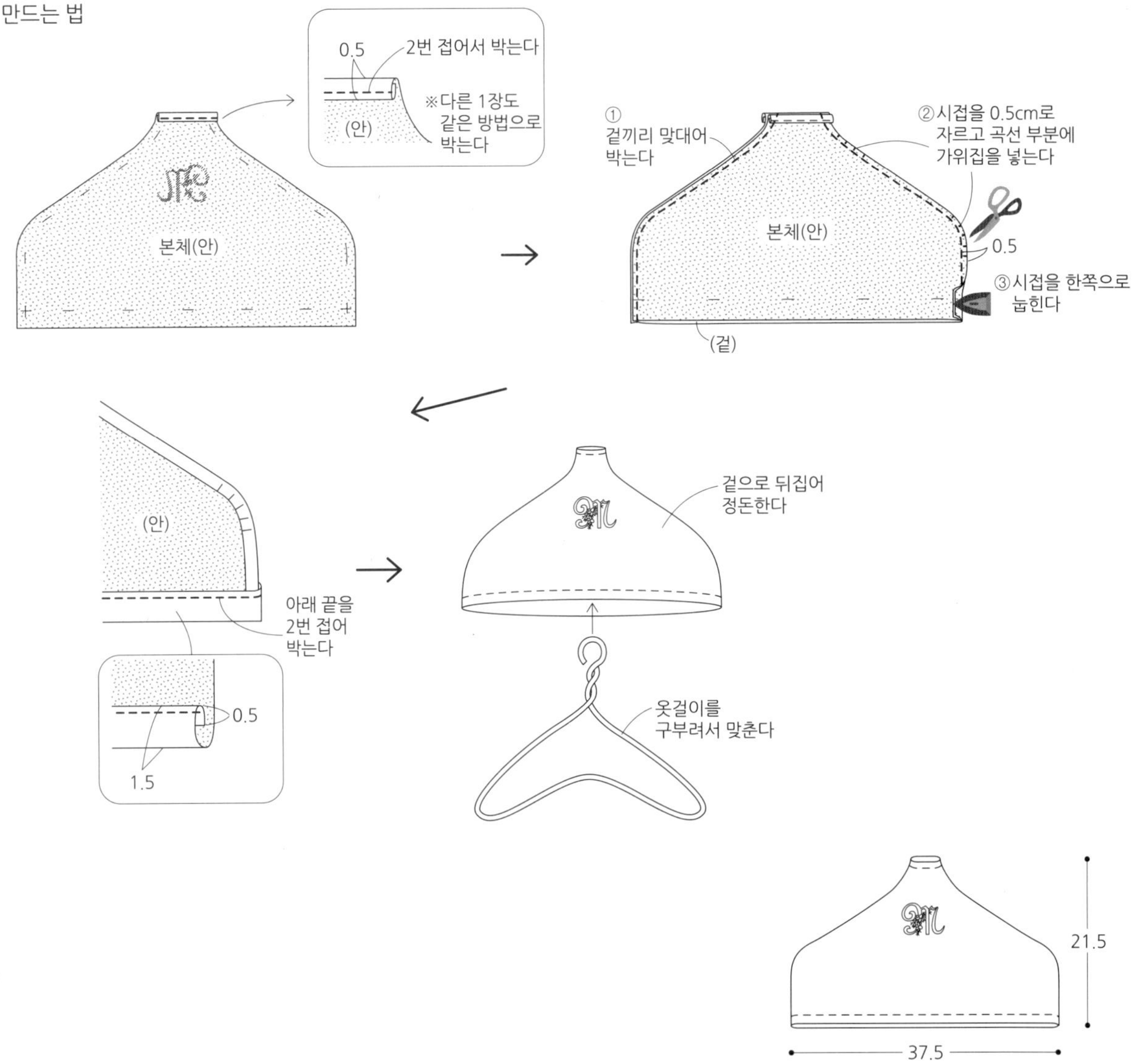

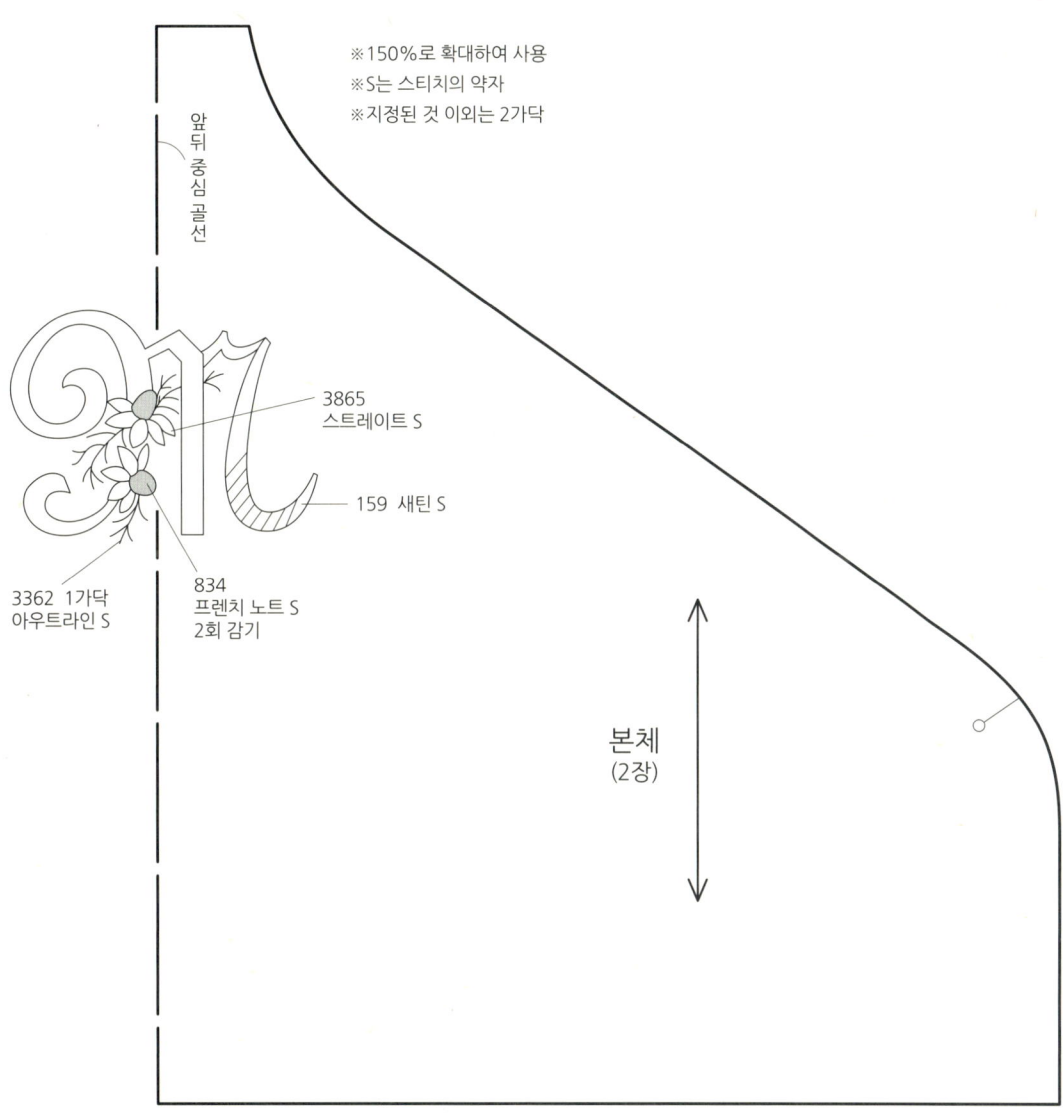

p.17 에코 백에 플라워 로마자 자수

〈DMC 25번 자수실〉
935·3364(그린 계열), 168(그레이 계열), 223(로즈 계열),
301(브라운 계열), 677(옐로 계열), 930(블루 계열),
948(핑크 계열), 3866(화이트 계열)

〈완성 사이즈〉 21.5 × 6.7cm(도안 부분)

〈만드는 법〉 원하는 손가방에 수를 놓는다.

※ 100%로 사용
※ S는 스티치의 약자
※ 알파벳은 223 2가닥 새틴 S
※ 지정된 것 이외는 2가닥
※ 지정된 것 이외는 새틴 S

p.18 꽃이 만발한 장식 칼라

〈DMC 25번 자수실〉
　317·3024(그레이 계열), 451·543(핑크 계열),
　3860·3862(브라운 계열), 3865·3866(화이트 계열),
　453(베이지 계열)
〈재료〉
　면 론(오프화이트)　70×30cm
　접착심지　70×30cm
　폭 1cm의 면 테이프　70cm
〈완성 사이즈〉　그림 참조
〈도안·패턴〉　p.60
〈만드는 법〉　여유 있게 재단한 겉 칼라의 천에 수를 놓는다(p.39 참조).
　그림처럼 재단하여 완성한다.

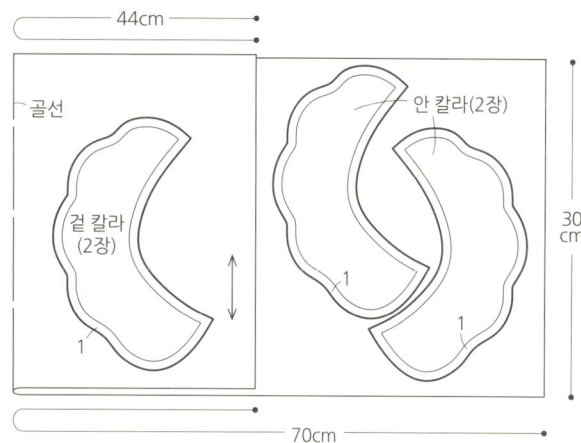

재단 배치도

※겉 칼라, 안 칼라 모두 안쪽에 접착심지를 붙인다

만드는 법

①겉끼리 맞대어 박는다
면 테이프를 끼운다
안 칼라(안)
겉 칼라(겉)
②시접을 0.5cm로 자른다
③가위집을 넣어 다리미로 시접을 겉 칼라 쪽으로 눕힌다

겉으로 뒤집어 모양을 정돈한다
안 칼라(겉)
안 칼라를 0.1cm 띄운다
곡선을 정돈한다

0.2cm 정도 삐져나온 안 칼라를 자른다
겉 칼라(겉)

①안쪽으로 뒤집어 목둘레 쪽을 박는다
안 칼라(안)
창구멍
②시접을 0.5cm로 자르고 가위집을 넣어 다리미로 시접을 안 칼라 쪽으로 눕힌다
※왼쪽 칼라도 같은 방법으로 만든다

바늘을 넣는다
안 칼라(겉)
②창구멍을 막는다
안 칼라(겉)
①겉으로 뒤집어서 모양을 정돈하고, 창구멍으로 바늘을 넣어 안쪽에 매듭을 숨겨 좌우 칼라를 고정한다

5.5　19

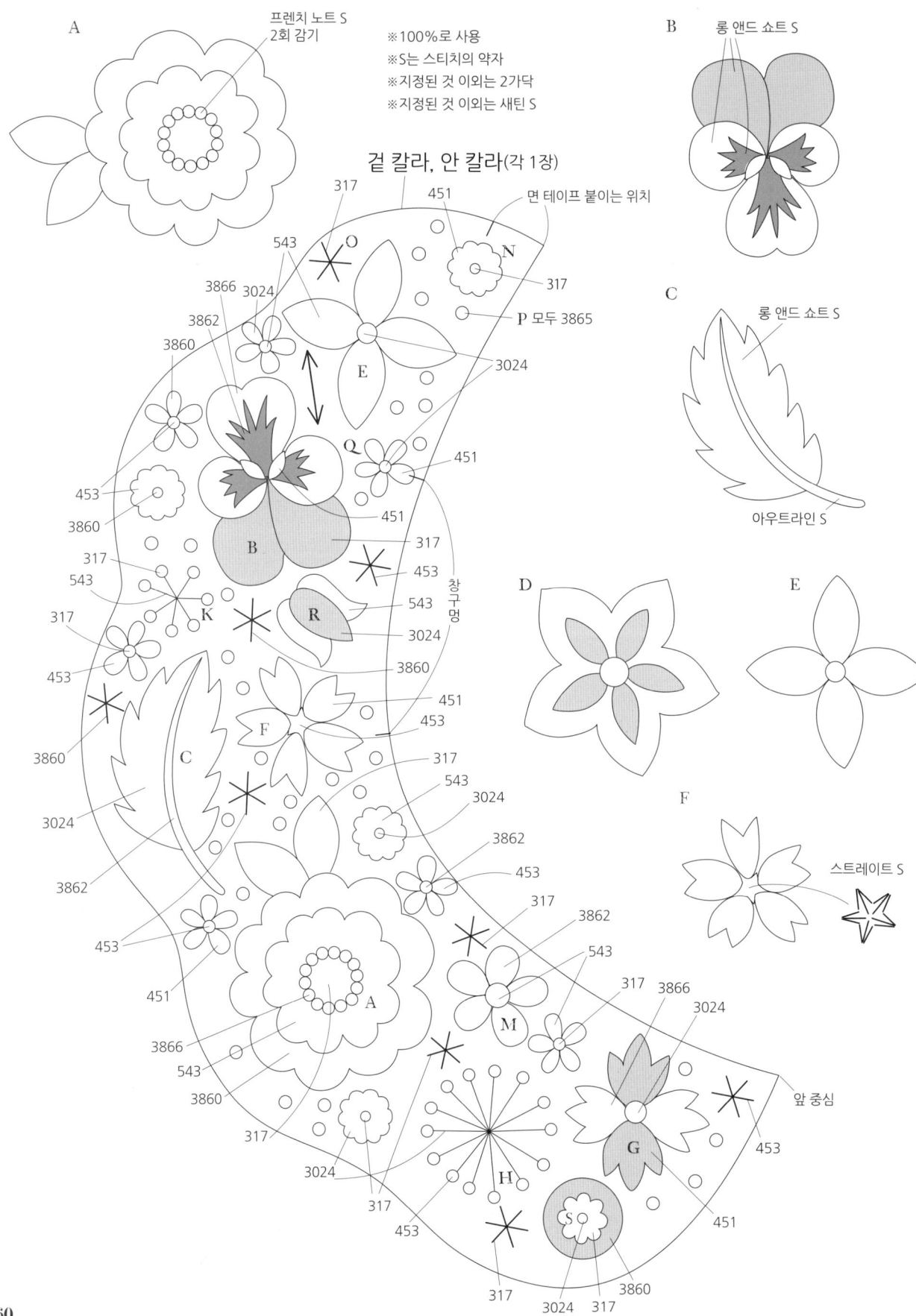

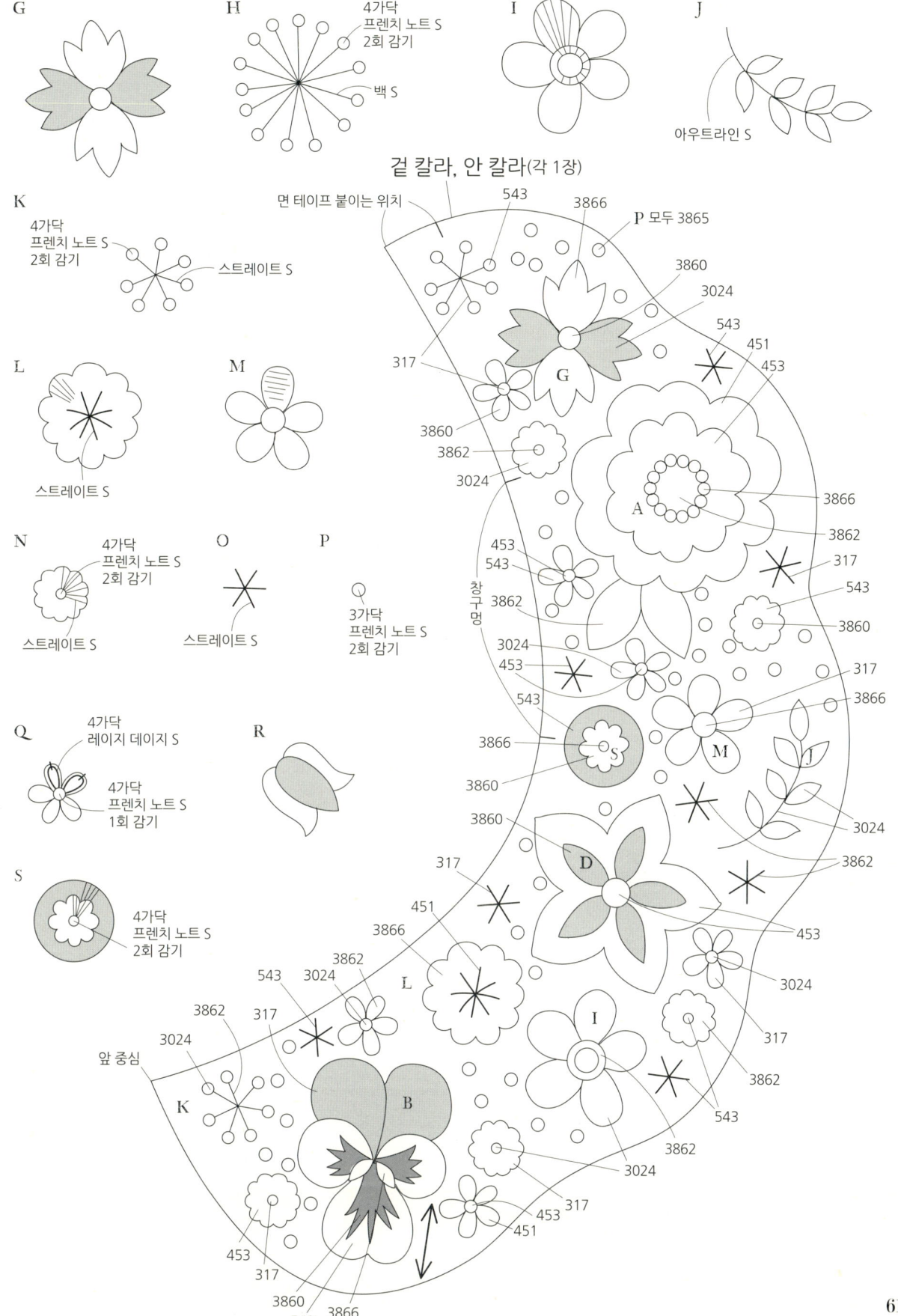

p.20 꽃과 나뭇잎 귀걸이

〈DMC 25번 자수실〉
B 3743 · 3834(퍼플 계열), 746(옐로 계열), 823(블루 계열)
C 372(그린 계열), 543(핑크 계열)
D 3042(퍼플 계열), 3046(옐로 계열), 3866(화이트 계열)
L 3859(핑크 계열), 3866(화이트 계열)

〈재료〉(1개분)
면 론(오프화이트) 15×20cm(자수틀에 끼우기 편한 크기)
접착심지 15×20cm
핀대 달린 귀걸이 금속 1쌍
마분지, 펠트 적당량

〈기타〉
스틱형 접착제(수성 타입)

〈완성 사이즈〉 그림 참조

〈만드는 법〉 여유 있게 재단한 천에 수를 놓는다(p.39 참조). 그림처럼 완성한다.

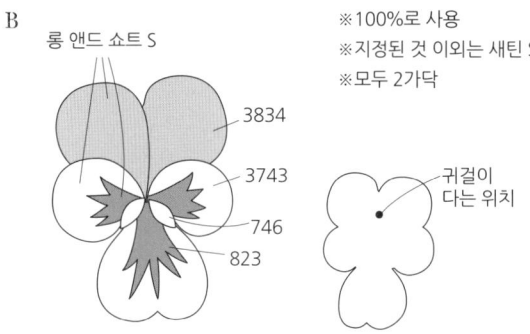

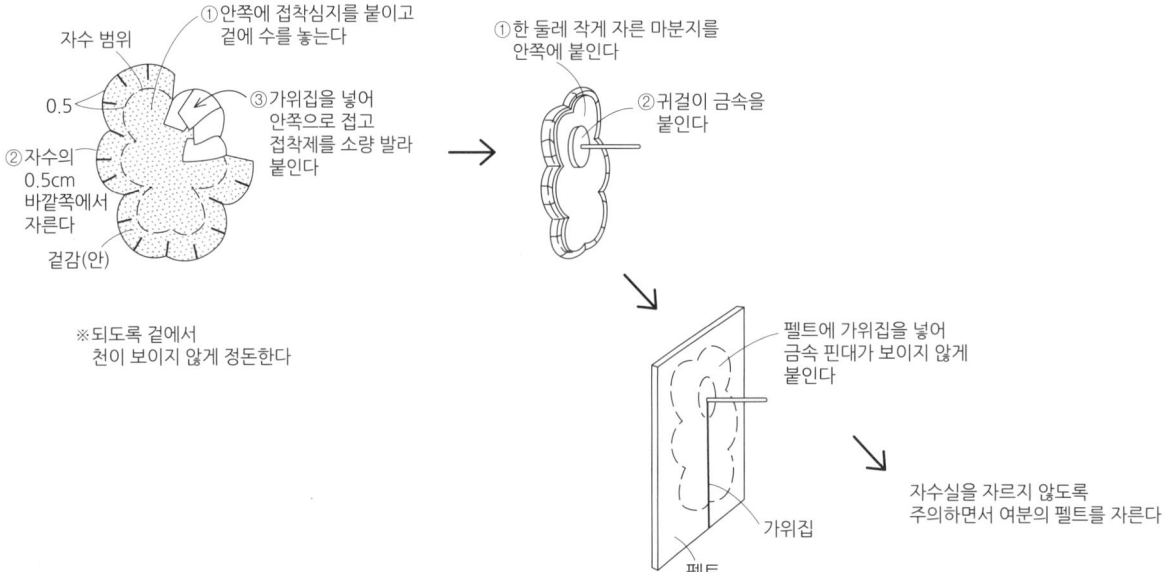

p.21 스웨트에 꽃과 나뭇잎 자수

〈DMC 25번 자수실〉
3023·3072·3362(그린 계열), 453·739(베이지 계열),
470·840(브라운 계열), 677(옐로 계열), 3740(퍼플 계열)
〈완성 사이즈〉 그림 참조
〈만드는 법〉 원하는 스웨트에 수를 놓는다.

※100%로 사용
※S는 스티치의 약자
※지정된 것 이외는 2가닥
※지정된 것 이외는 새틴 S

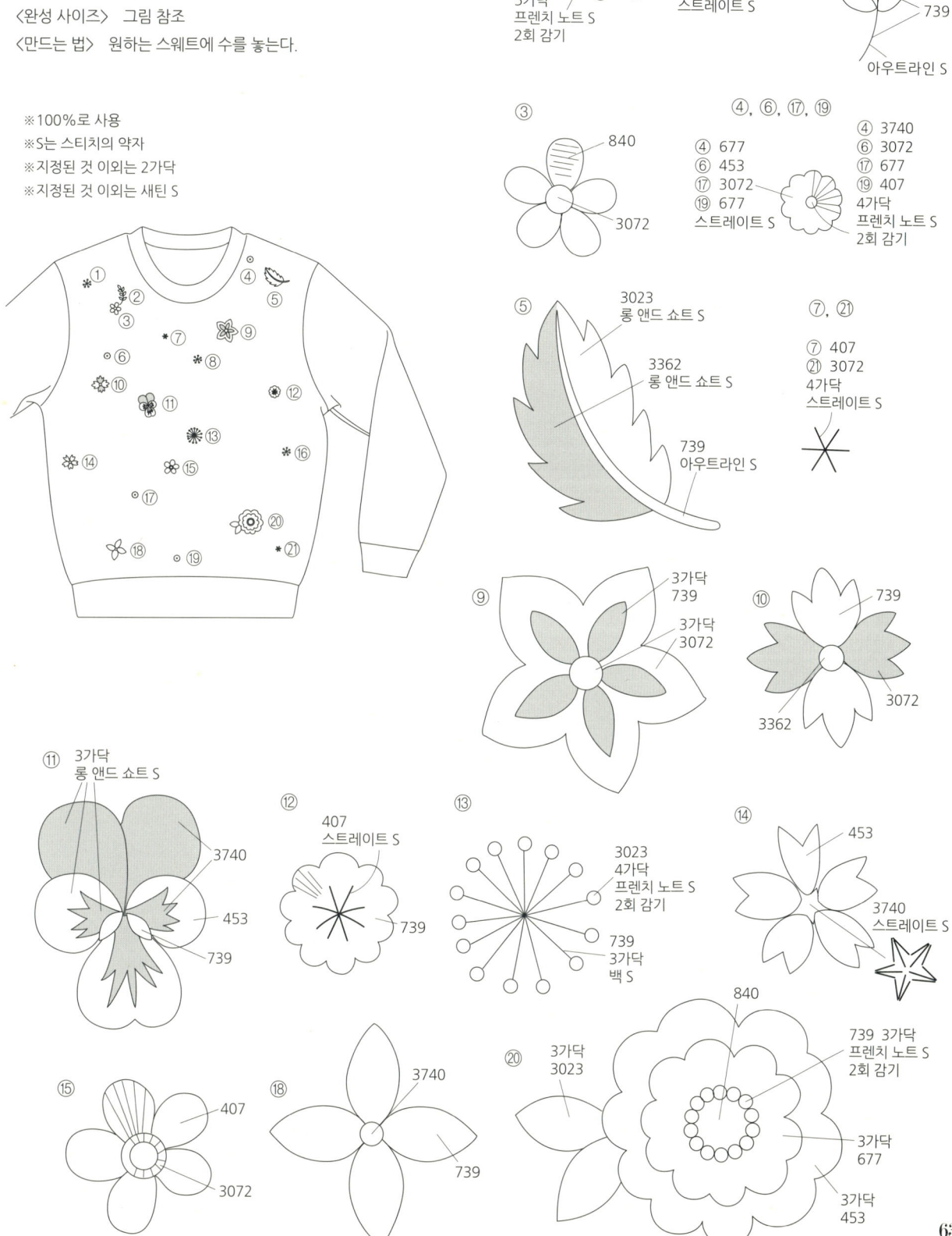

p.22 꽃과 보리 클러치 백

<DMC 25번 자수실>
370·523·646·3011(그린 계열),
168·3024(그레이 계열), 746·3047(옐로 계열),
3042·3834(퍼플 계열), 3865·3866(화이트 계열),
451(핑크 계열), 453(베이지 계열), 931(블루 계열),
939(네이비 계열), 3781(브라운 계열)

<재료>
겉감: 마(베이지) 110×60cm
안감: 면(핑크) 110×65cm
접착심지 90×60cm
지름 1.8cm의 자석 단추 1쌍
코튼 실(태슬용) 적당량

<완성 사이즈> 37×25×6cm
<도안·패턴> p.65
<만드는 법> 여유 있게 재단한 겉 뚜껑의 천에 수를 놓는다 (p.39 참조). 그림처럼 재단하여 완성한다.

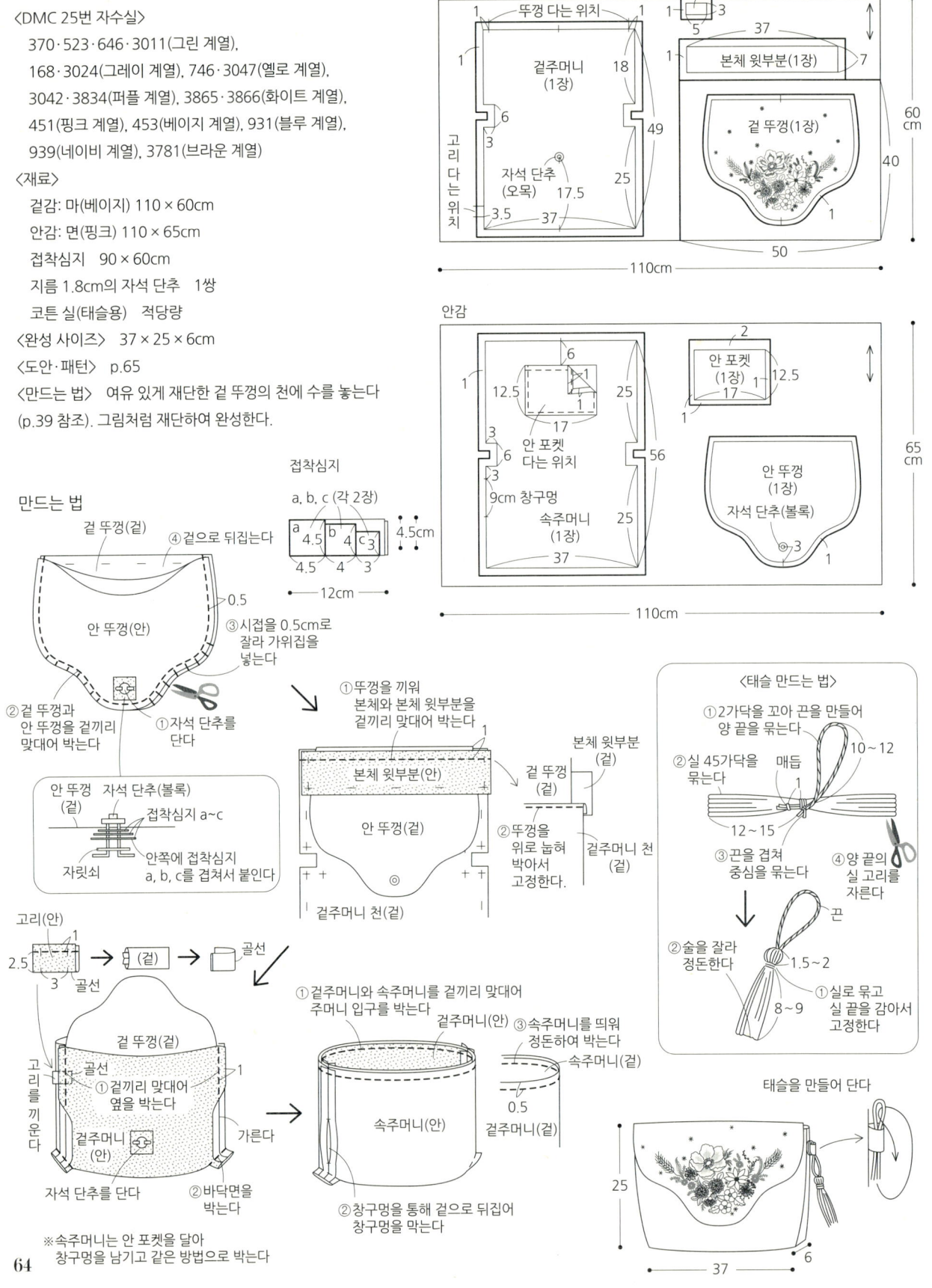

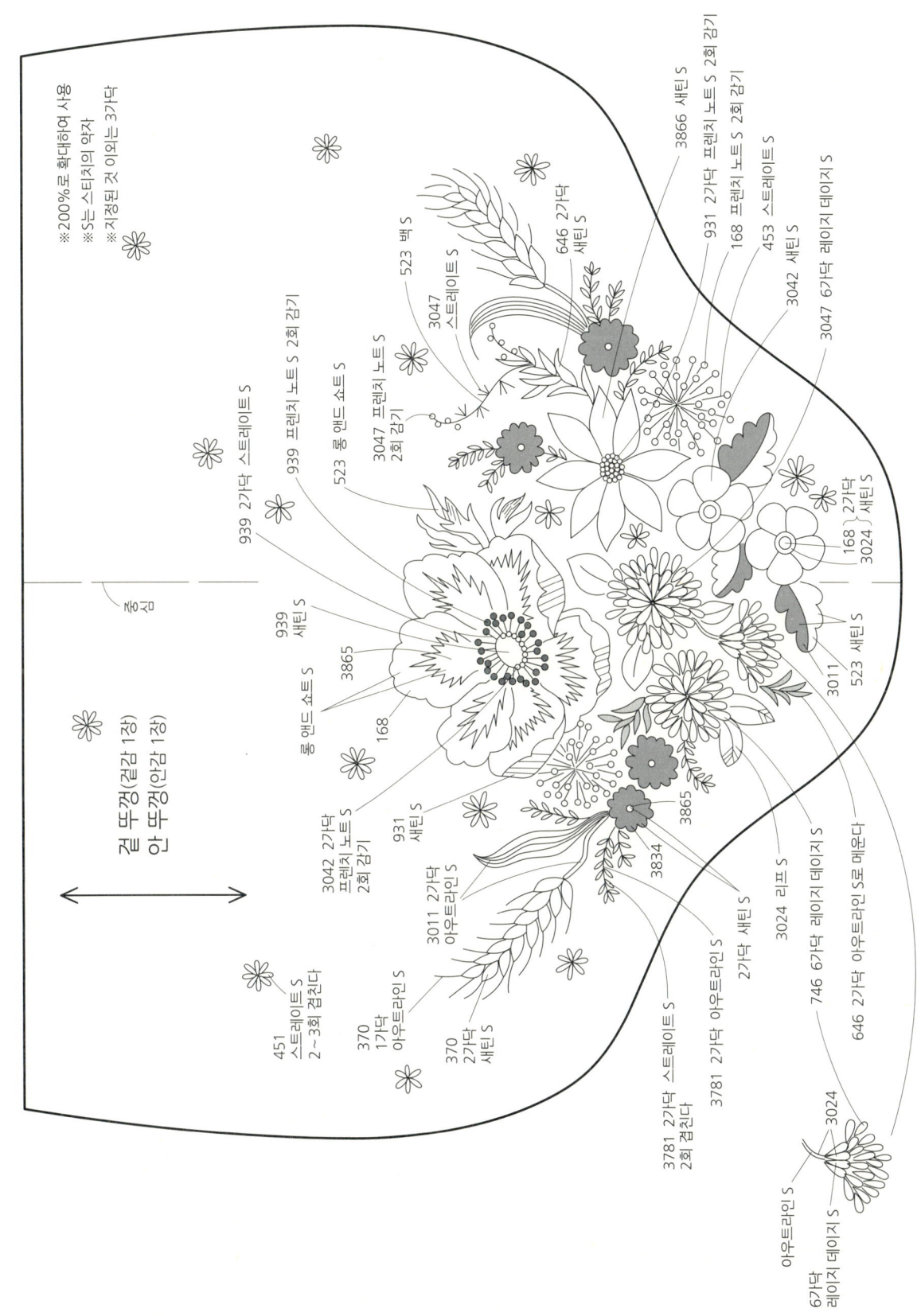

p.23 블라우스에 꽃 자수

⟨DMC 25번 자수실⟩
225·451(핑크 계열), 647·3013(그린 계열),
648·415(그레이 계열), 712·834(옐로 계열),
924(블루 계열), BLANC(화이트 계열)

⟨완성 사이즈⟩ 13.5×11.5cm(도안 부분)
⟨만드는 법⟩ 원하는 블라우스에 수를 놓는다.

※100%로 사용
※S는 스티치의 약자
※지정된 것 이외는 3가닥

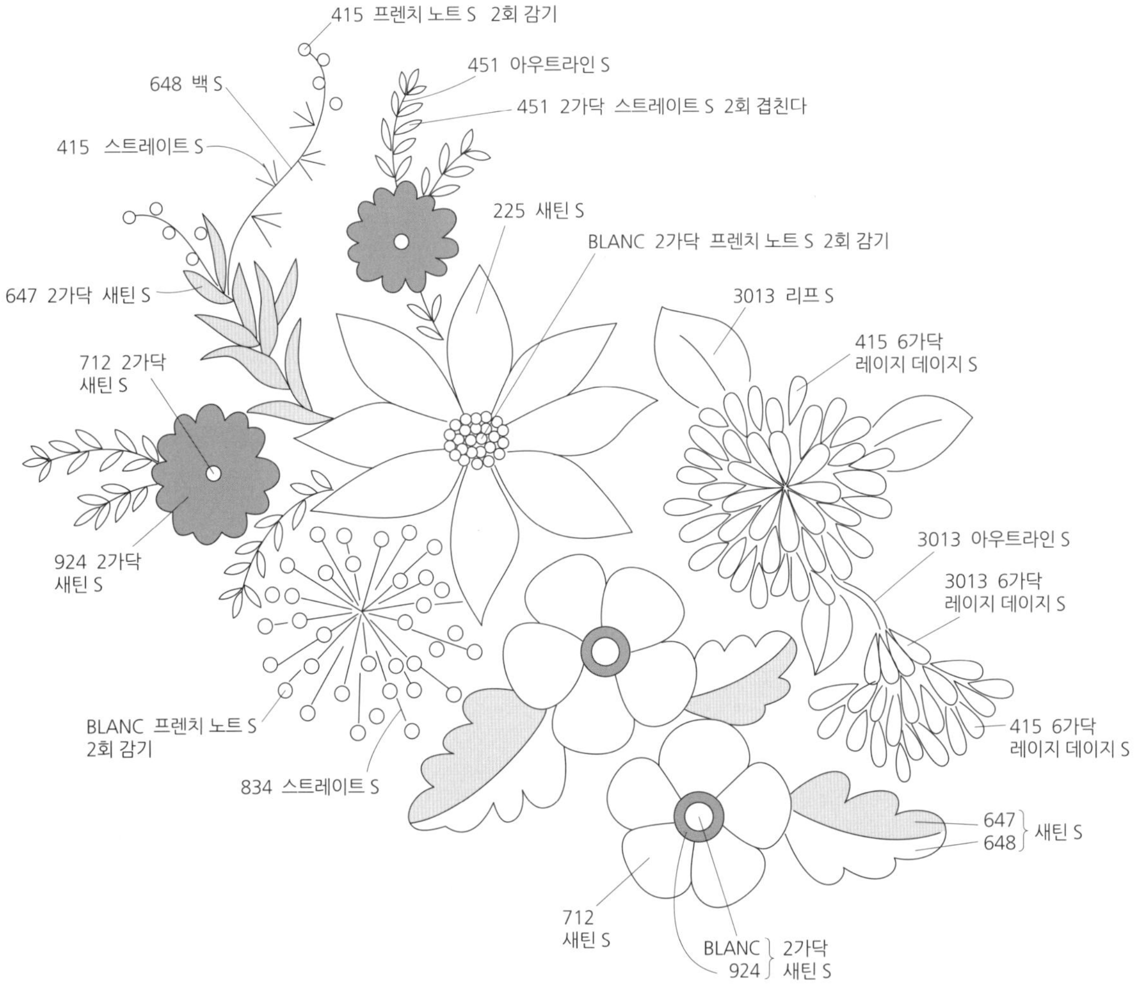

415 프렌치 노트 S 2회 감기
648 백 S
451 아우트라인 S
451 2가닥 스트레이트 S 2회 겹친다
415 스트레이트 S
225 새틴 S
BLANC 2가닥 프렌치 노트 S 2회 감기
647 2가닥 새틴 S
3013 리프 S
712 2가닥 새틴 S
415 6가닥 레이지 데이지 S
924 2가닥 새틴 S
3013 아우트라인 S
3013 6가닥 레이지 데이지 S
BLANC 프렌치 노트 S 2회 감기
415 6가닥 레이지 데이지 S
834 스트레이트 S
647 648 새틴 S
712 새틴 S
BLANC 924 2가닥 새틴 S

p.25 원피스에 마거릿 자수

〈DMC 25번 자수실〉
3046·3823(옐로 계열), 3364·500(그린 계열),
3865·3866(화이트 계열), 315(로즈 계열)
〈완성 사이즈〉 11 × 6.2cm(도안 부분)
〈만드는 법〉 원하는 원피스에 수를 놓는다.

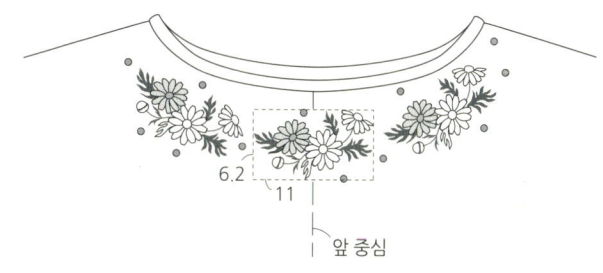

※100%로 사용
※S는 스티치의 약자
※지정된 것 이외는 3가닥

〈목둘레에 수를 놓을 때는〉
도안을 복사한 종이를 앞 목둘레의 중심에 배치한다.
도안끼리의 간격이나 확대 배율은 목둘레의 곡선 정도에 따라 균형 있게 조정한다.
물방울무늬는 취향대로 배치한다.

p.24 마거릿 컷워크 장식 칼라

⟨DMC 25번 자수실⟩
  3799(그레이 계열), ECRU(화이트 계열)
⟨DMC 브로더 스페셜(컷워크용)⟩
  ECRU #16, #25
⟨재료⟩
  마(베이지) 75×50cm
  접착심지 20×50cm
  지름 0.9cm의 싸개 똑딱단추 2쌍
  지름 1.3cm의 단추 1개
⟨완성 사이즈⟩ 그림 참조
⟨도안·패턴⟩ p.69
⟨만드는 법⟩ 여유 있게 재단한 칼라의 천에 수를 놓고(p.39 참조), 컷워크를 한다(p.42 참조). 그림처럼 재단하여 완성한다.

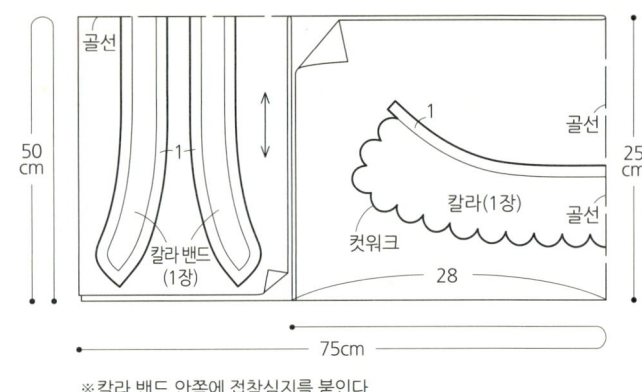

재단 배치도

※칼라 밴드 안쪽에 접착심지를 붙인다

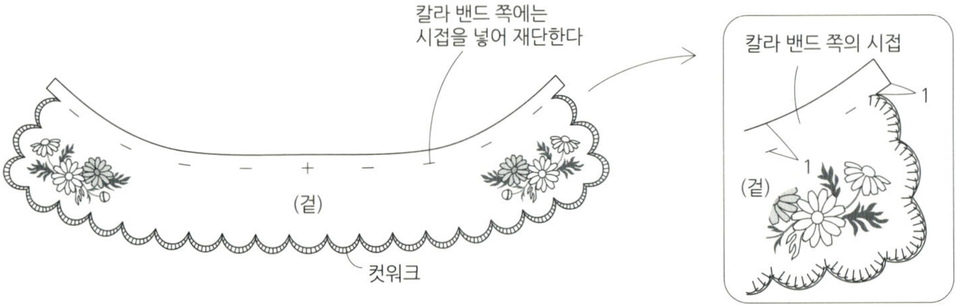

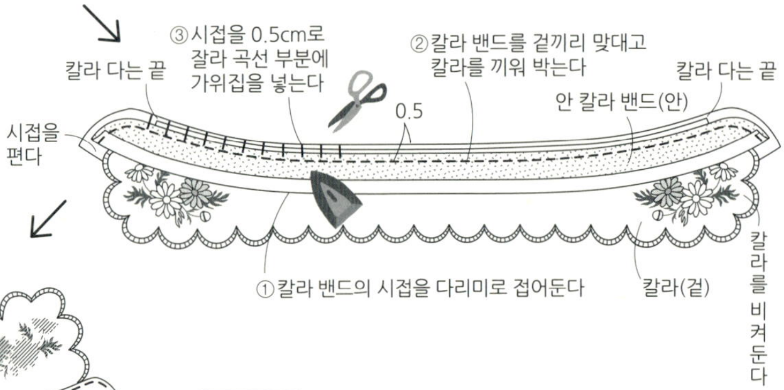

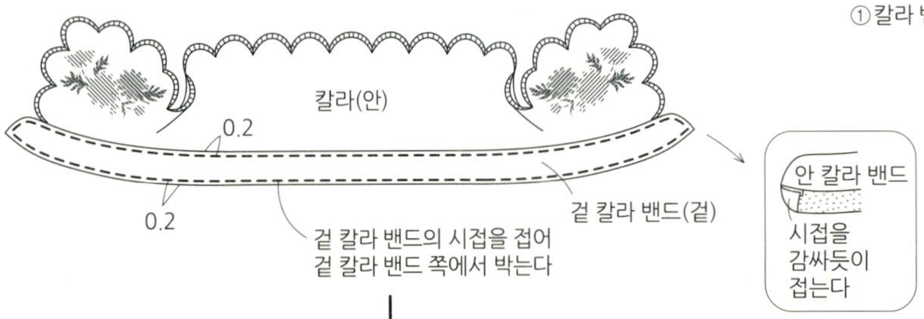

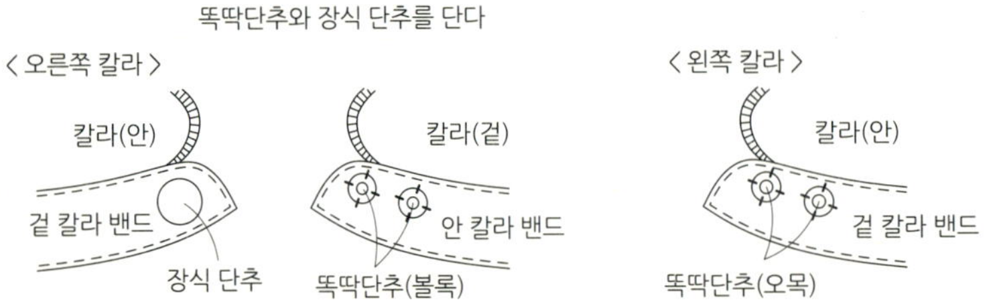

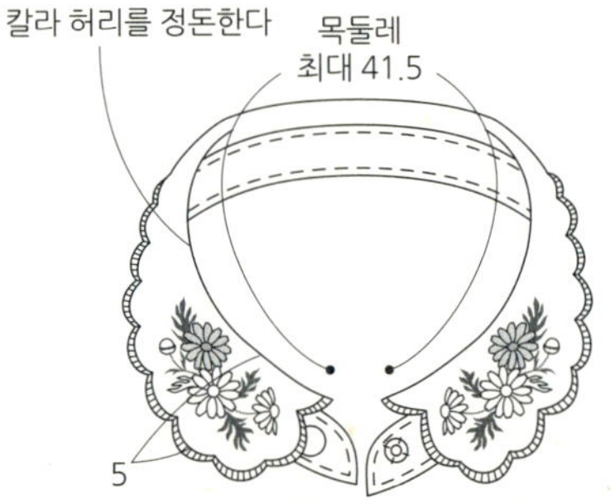

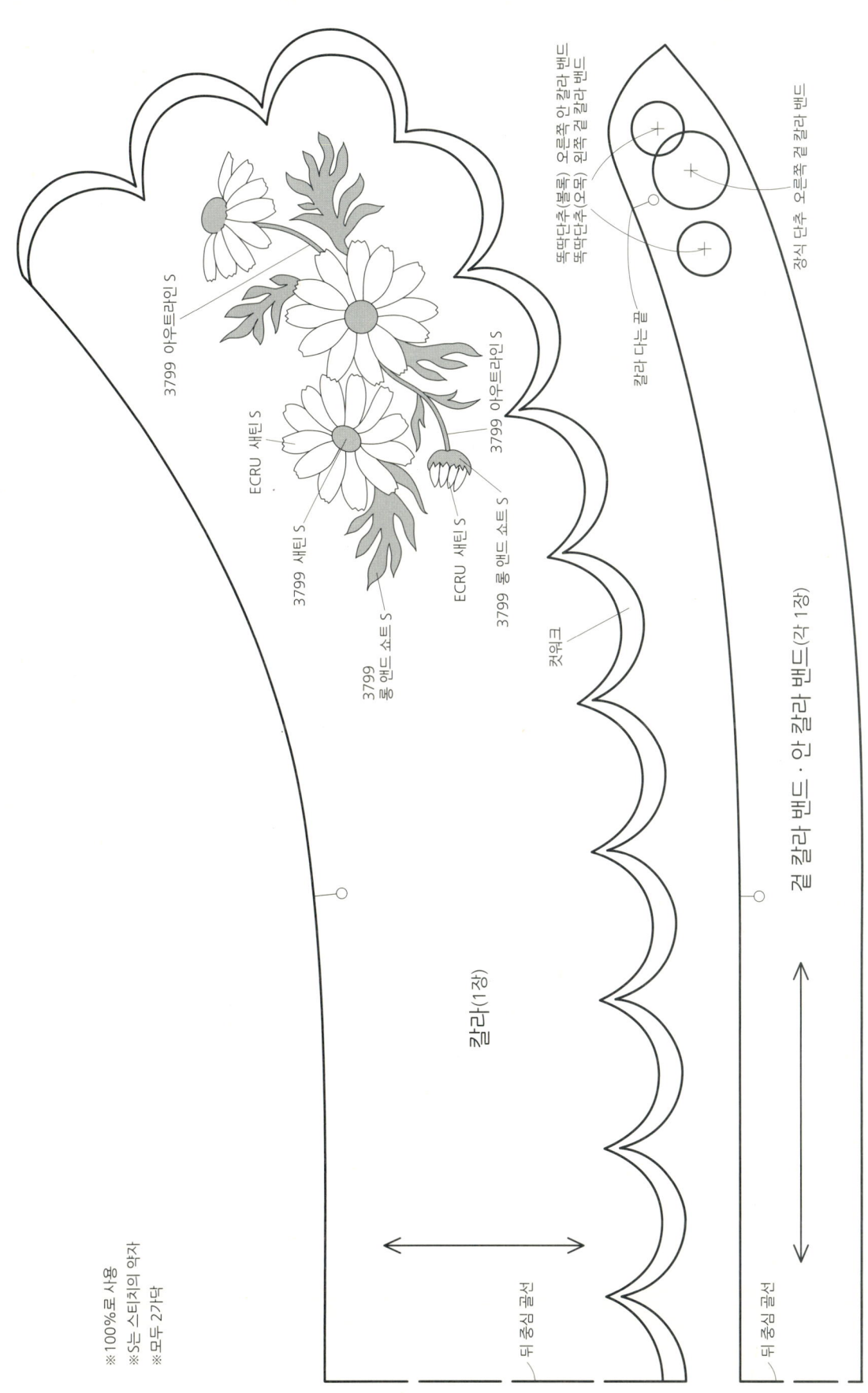

p.26 나비와 꽃 자수 프레임 백

<DMC 25번 자수실>
167·3772·3781(브라운 계열), 935·3012·3053(그린 계열),
948·3771·3774(핑크 계열), 924·926(블루 계열),
3046·3047(옐로 계열), 3024(그레이 계열), 3830(레드 계열)

<재료>
겉감: 면마(캐멀) 70×30cm
안감: 면마(스트라이프) 90×30cm
접착심지 70×30cm
프레임(폭 18.5cm 구슬 달린 프레임) 1개
O링(안지름 1.2cm) 2개
플라스틱 체인 35cm

<기타>
스틱형 접착제(수성 타입)

<완성 사이즈> 27×25cm(손잡이 제외)
<도안·패턴> p.71(겉주머니), p.88(속주머니, 안 포켓)
<만드는 법> 여유 있게 재단한 겉주머니의 천 1장에 수를 놓는다
(p.39 참조). 그림처럼 재단하여 완성한다.

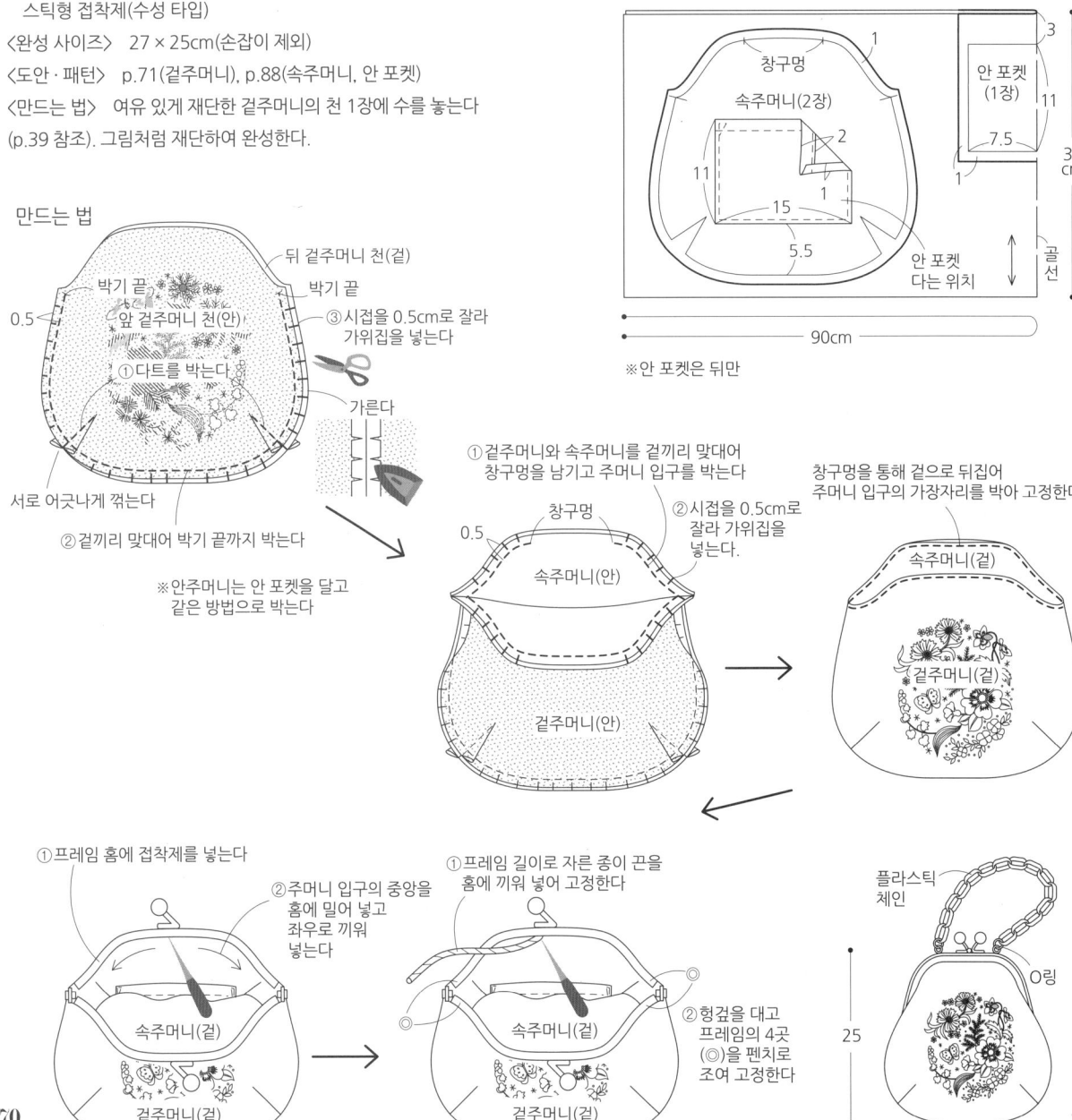

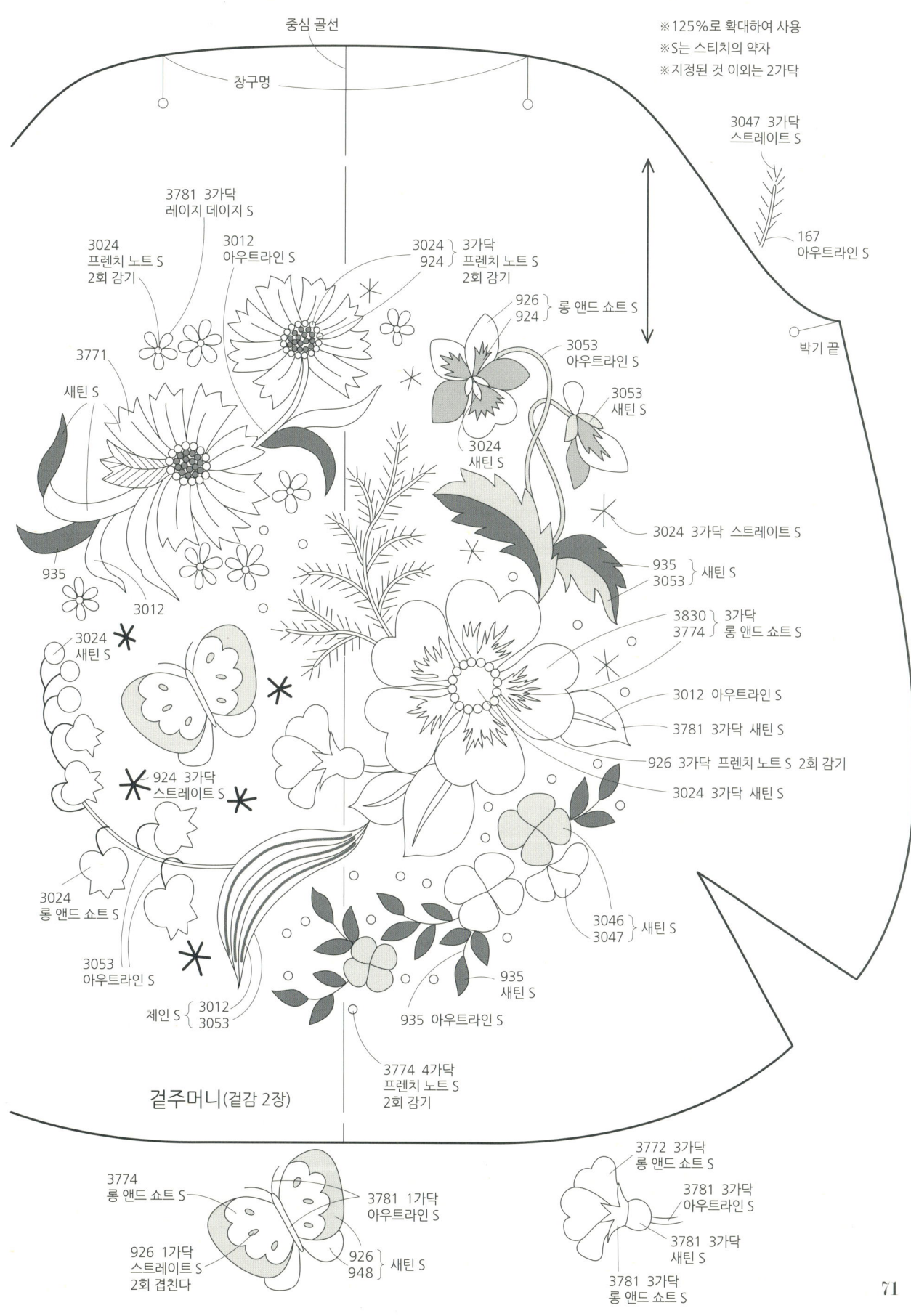

p.28 컷워크 손수건

<DMC 25번 자수실>
　은방울꽃　3011·3023(그린 계열), 823(네이비 계열), BLANC(화이트 계열)
　제비꽃　3041·3743(퍼플 계열), 3023·3787(그린 계열), 3047(옐로 계열),
　　　　　BLANC(화이트 계열)
<DMC 브로더 스페셜(컷워크용)>
　BLANC　#16, #25
<재료>
　마(은방울꽃/ 흰색, 제비꽃/ 물색)　40 × 40cm
<완성 사이즈>　30.5 × 30.5cm
<만드는 법>　여유 있게 재단한 천에 수를 놓고(p.39 참조), 컷워크를 한다(p.42 참조).

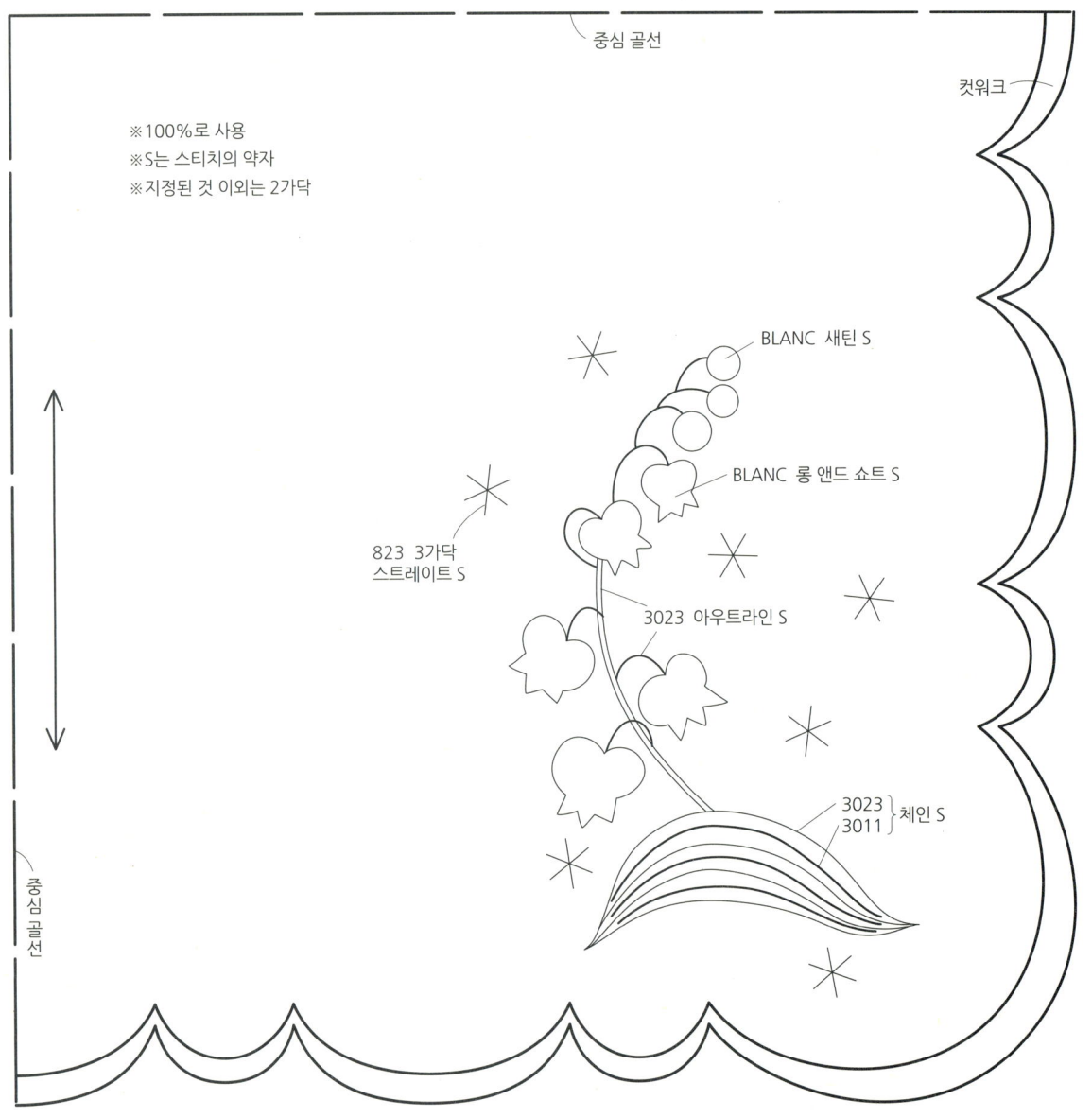

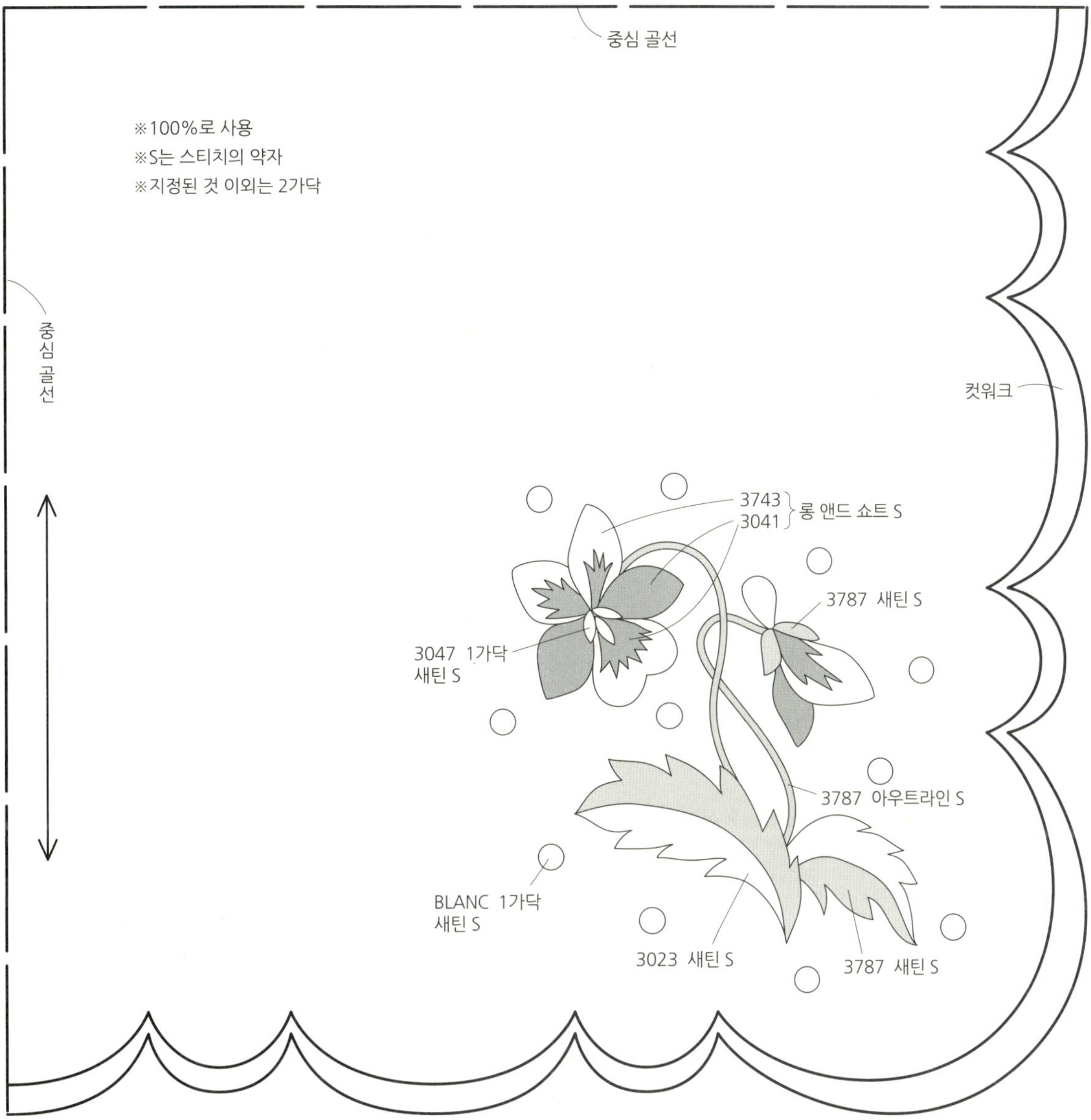

※100%로 사용
※S는 스티치의 약자
※지정된 것 이외는 2가닥

중심 골선

중심 골선

컷워크

3743
3041 } 롱 앤드 쇼트 S

3787 새틴 S

3047 1가닥
새틴 S

3787 아웃라인 S

BLANC 1가닥
새틴 S

3023 새틴 S   3787 새틴 S

컷워크

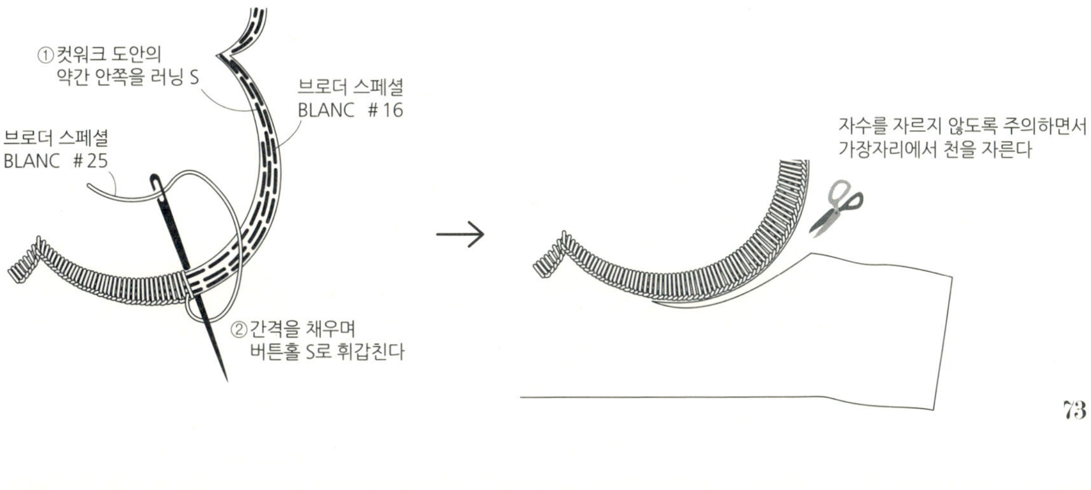

① 컷워크 도안의
약간 안쪽을 러닝 S

브로더 스페셜
BLANC #16

브로더 스페셜
BLANC #25

② 간격을 채우며
버튼홀 S로 휘갑친다

자수를 자르지 않도록 주의하면서
가장자리에서 천을 자른다

p.30 큰 리본 장식 칼라

〈DMC 25번 자수실〉
　　453(베이지 계열), 712(옐로 계열), 928(그린 계열),
　　930(블루 계열), 3861(핑크 계열), 3865(화이트 계열)
〈재료〉
　　겉감: 마(흰색)　45×35cm
　　안감: 면마(흰색)　40×30cm
　　접착심지　60×40cm
　　고리단추　1쌍
〈완성 사이즈〉　그림 참조
〈만드는 법〉　여유 있게 재단한 겉 칼라의 천에 수를 놓는다(p.39 참조).
　그림처럼 재단하여 완성한다.

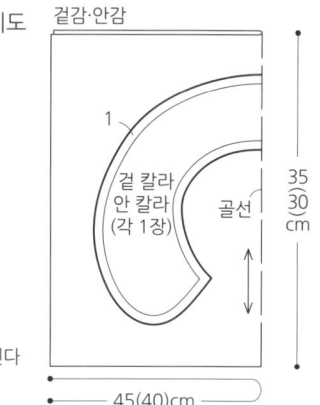

재단 배치도
겉감·안감
겉 칼라 안 칼라 (각 1장)
골선
35(30)cm
45(40)cm
※( ) 안의 숫자는 안감
※겉 칼라, 안 칼라 모두 안쪽에 접착심지를 붙인다

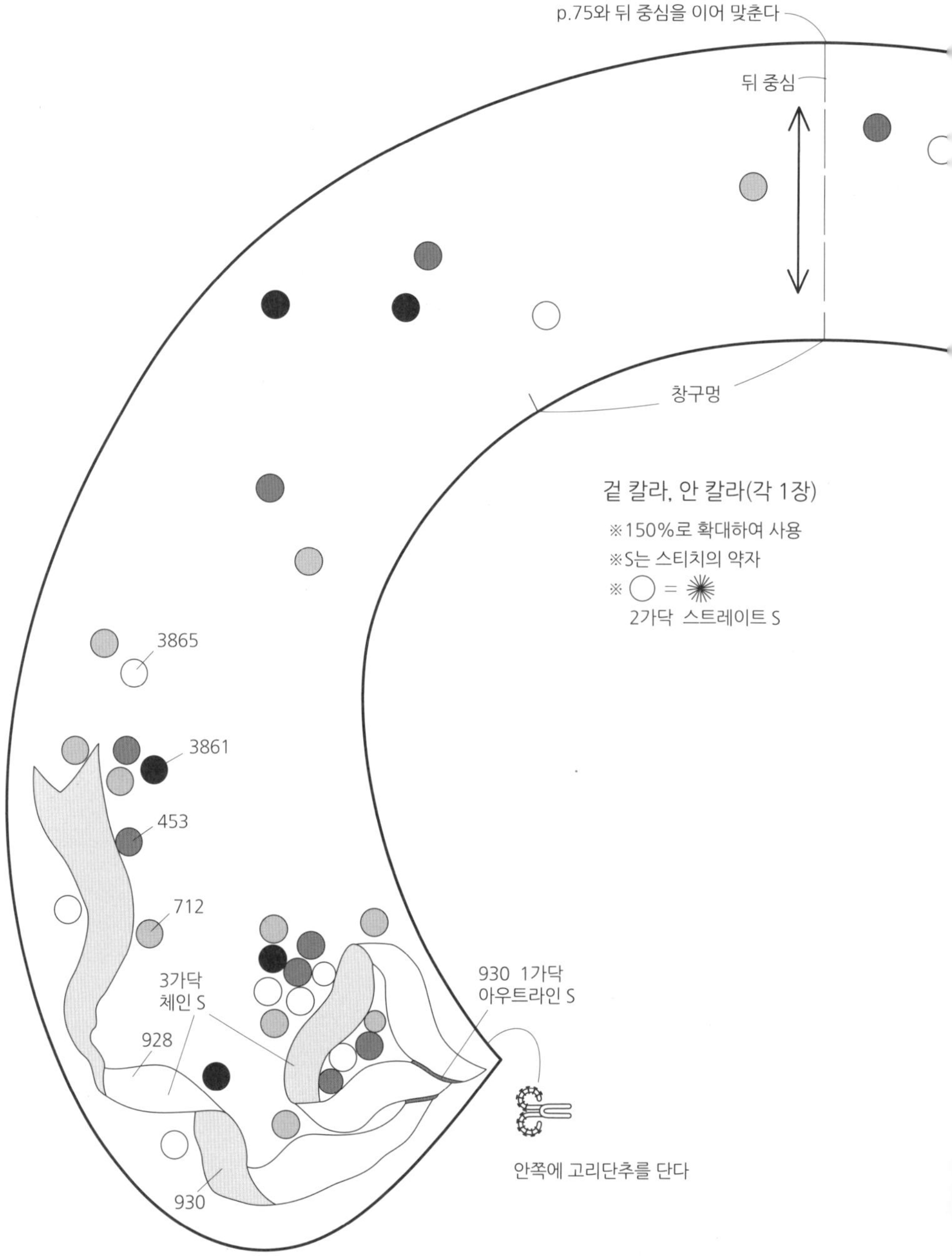

p.75와 뒤 중심을 이어 맞춘다
뒤 중심
창구멍

겉 칼라, 안 칼라(각 1장)
※150%로 확대하여 사용
※S는 스티치의 약자
※○ = ✳ 2가닥 스트레이트 S

3865
3861
453
712
3가닥 체인 S
928
930
930 1가닥 아웃라인 S
안쪽에 고리단추를 단다

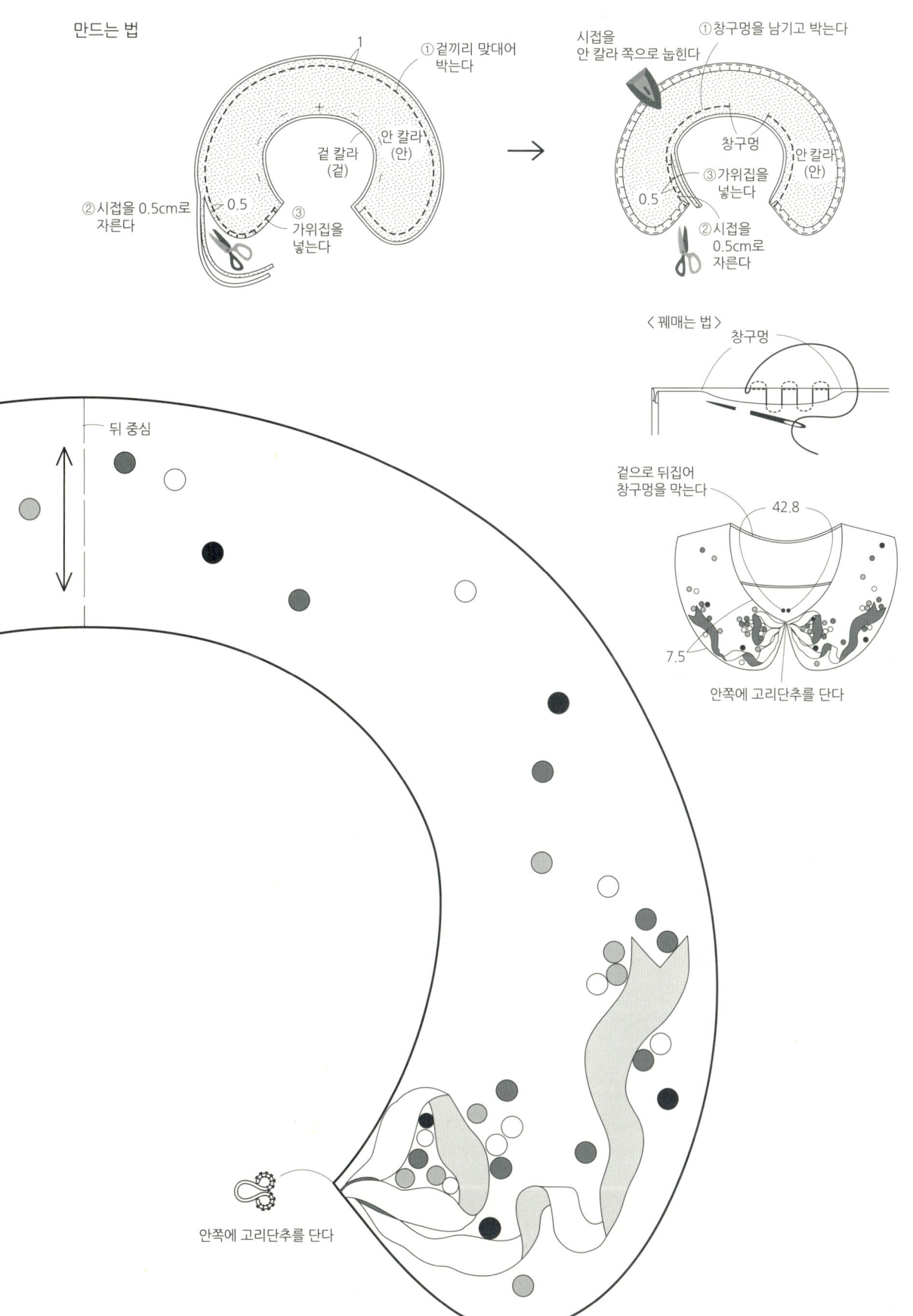

p.29 꽃 자수 헤어 터번

〈DMC 25번 자수실〉
318(그레이 계열), 610(카키 계열), 3866(화이트 계열)
〈재료〉
겉감: 마(그레이) 20×45cm
안감: 마(베이지) 35×65cm
접착심지 20×45cm
〈완성 사이즈〉 96×8.5cm
〈도안·패턴〉 p.88(리본)
〈만드는 법〉 여유 있게 재단한 겉 본체의 천에 수를 놓는다 (p.39 참조). 그림처럼 재단하여 완성한다.

재단 배치도

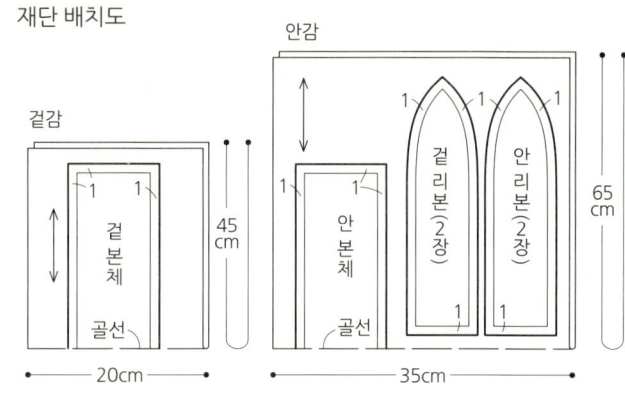

※겉감은 안쪽에 접착심지를 붙인다

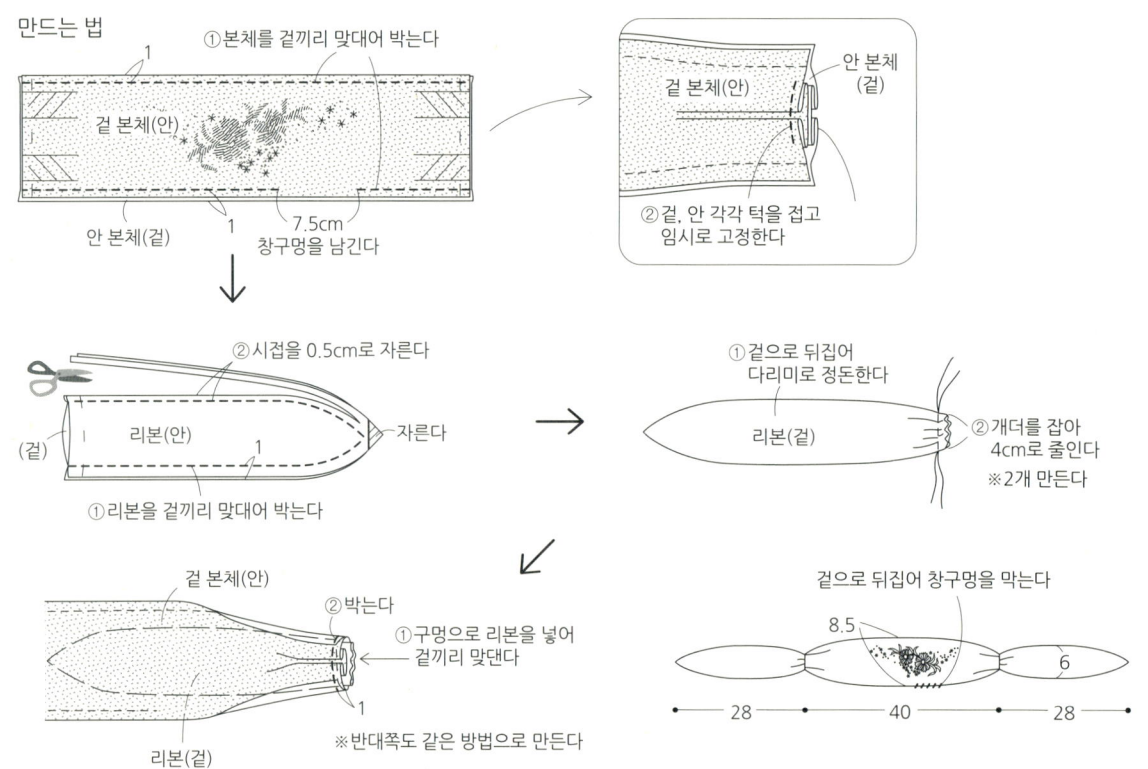

겉 본체(겉감 1장), 안 본체(안감 1장)

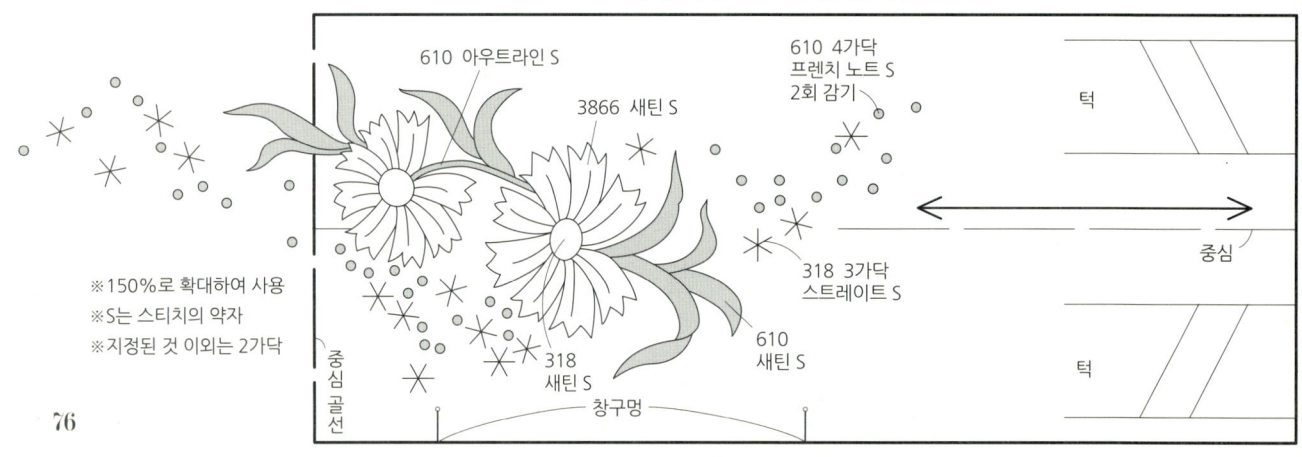

※150%로 확대하여 사용
※S는 스티치의 약자
※지정된 것 이외는 2가닥

p.33 스커트에 리본 라인 자수

〈DMC 25번 자수실〉
501(그린 계열), ECRU(화이트 계열)

〈완성 사이즈〉 43.5 × 13.5cm(도안 부분)

〈만드는 법〉 원하는 스커트 밑단에 수를 놓는다.

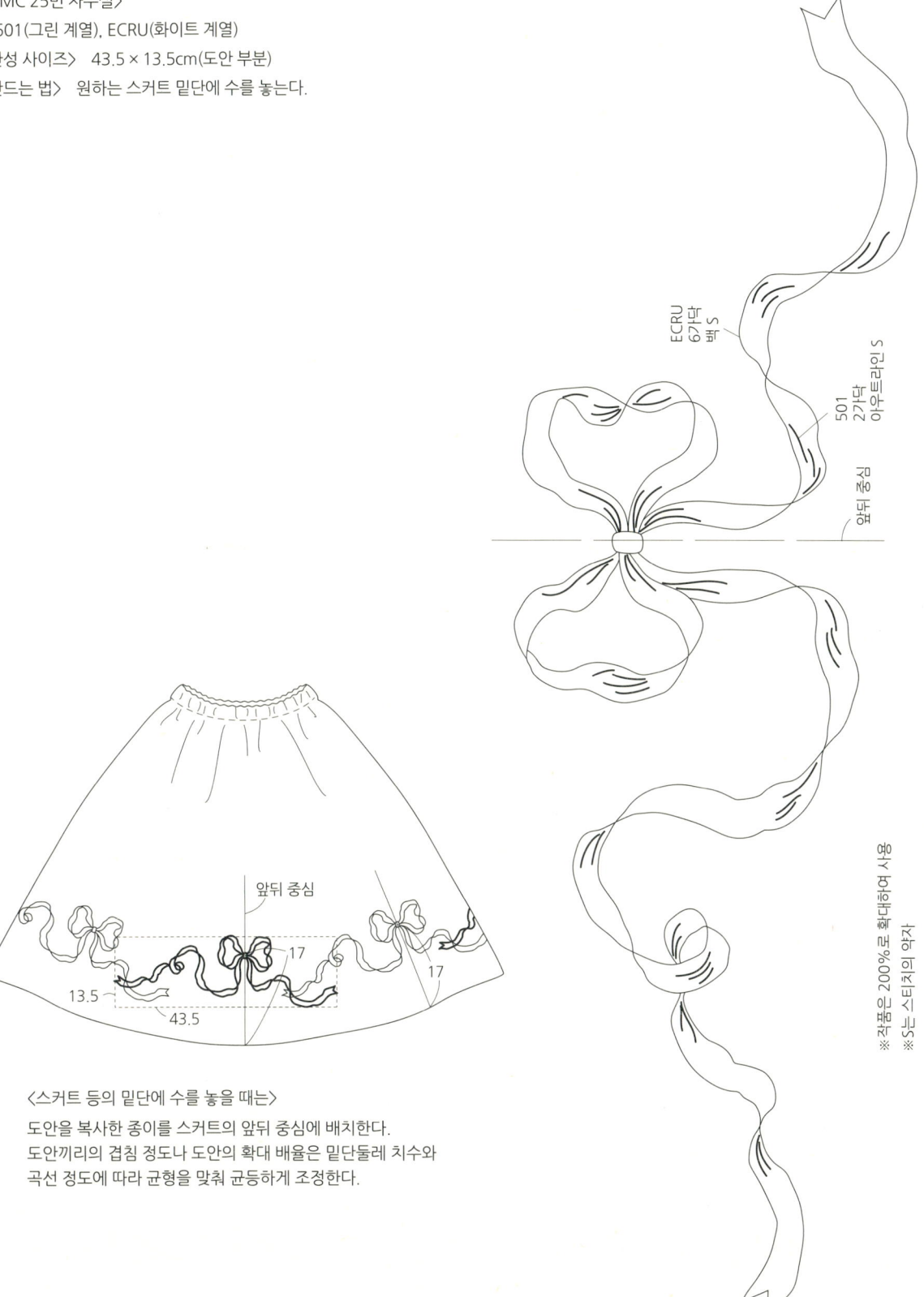

〈스커트 등의 밑단에 수를 놓을 때는〉
도안을 복사한 종이를 스커트의 앞뒤 중심에 배치한다.
도안끼리의 겹침 정도나 도안의 확대 배율은 밑단둘레 치수와
곡선 정도에 따라 균형을 맞춰 균등하게 조정한다.

p.31 새와 리본 장식 칼라

〈DMC 25번 자수실〉
168・762(그레이 계열), 734(그린 계열), 930(블루 계열),
939(네이비 계열), 3774(핑크 계열)

〈재료〉
마(짙은 감색)   75×50cm
접착심지   20×50cm
지름 0.9cm의 싸개 똑딱단추   2쌍
지름 1.3cm의 단추   1개

〈완성 사이즈〉   그림 참조
〈도안・패턴〉   p.79(칼라), p.69(칼라 밴드)
〈만드는 법〉   여유 있게 재단한 겉 칼라의 천에 수를 놓는다(p.39 참조).
그림처럼 재단하여 완성한다.

재단 배치도

※ 안 칼라 이외에는 안쪽에 접착심지를 붙인다

만드는 법

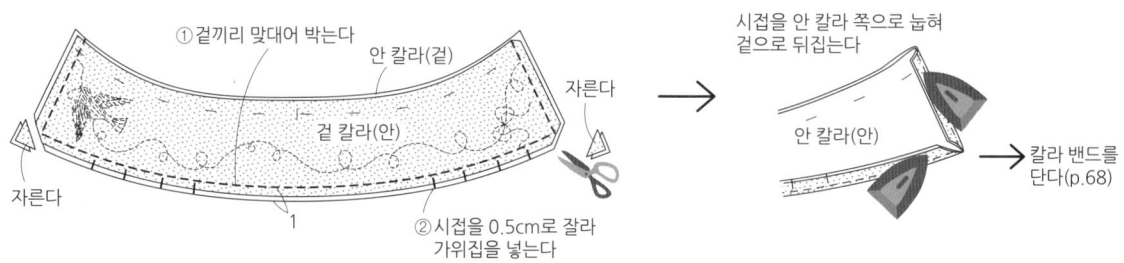

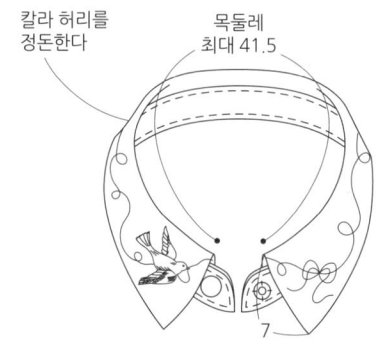

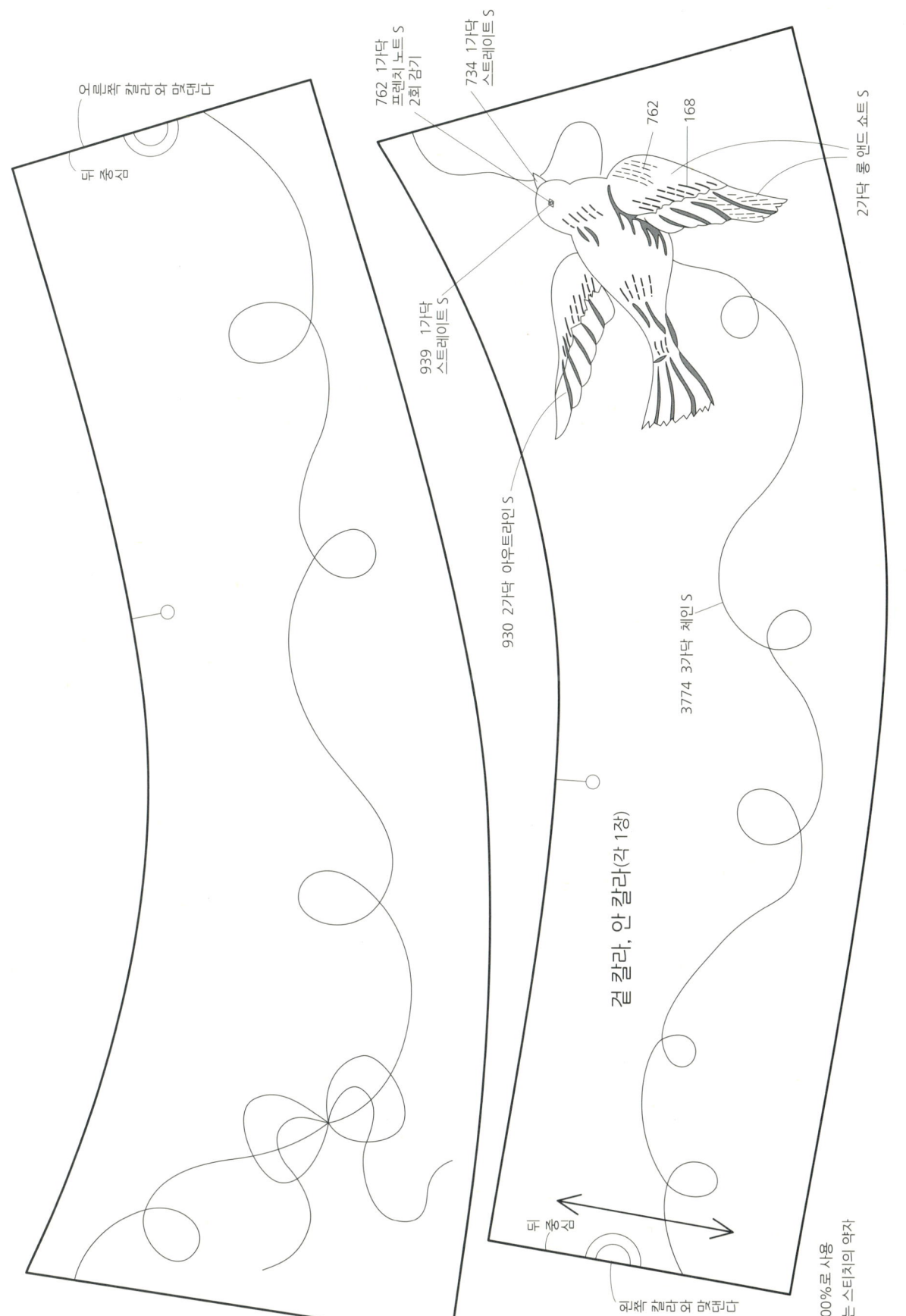

p.32 리본 무늬 백

〈DMC 25번 자수실〉
3721(레드 계열), 3765(화이트 계열)

〈재료〉
겉감: 마(그레이)　70 × 35cm
안감: 면(프린트)　30 × 45cm
접착심지　70 × 35cm
프레임(폭 24cm 고리형 스프링(바네) 프레임)　1개
폭 1.5cm의 리본　200cm

〈완성 사이즈〉　24 × 21.5cm(손잡이 제외)

〈도안·패턴〉　p.81

〈만드는 법〉　여유 있게 재단한 겉주머니의 천 1장에 수를 놓는다 (p.39 참조). 그림처럼 재단하여 완성한다.

재단 배치도

겉감

※자수는 앞만
※겉감의 안쪽에 접착심지를 붙인다

안감

만드는 법

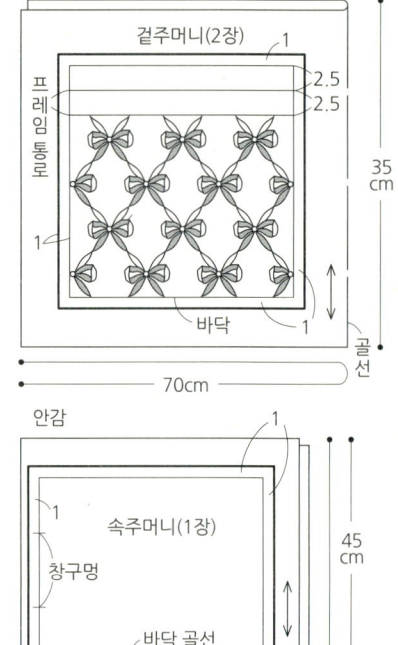

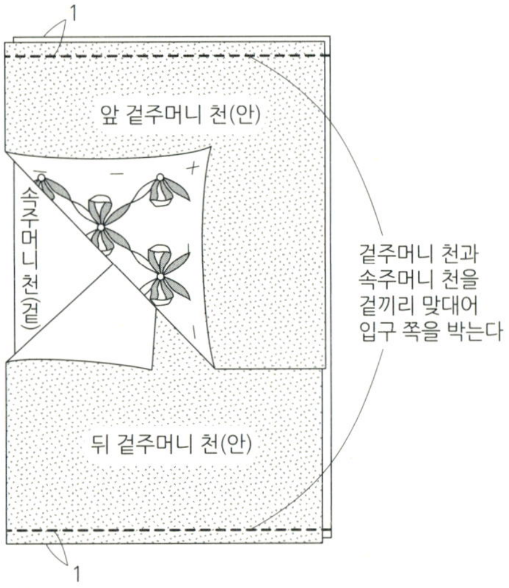

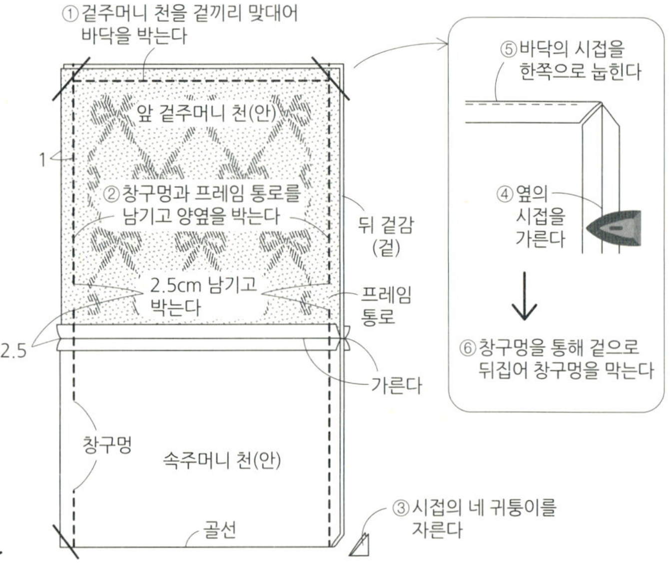

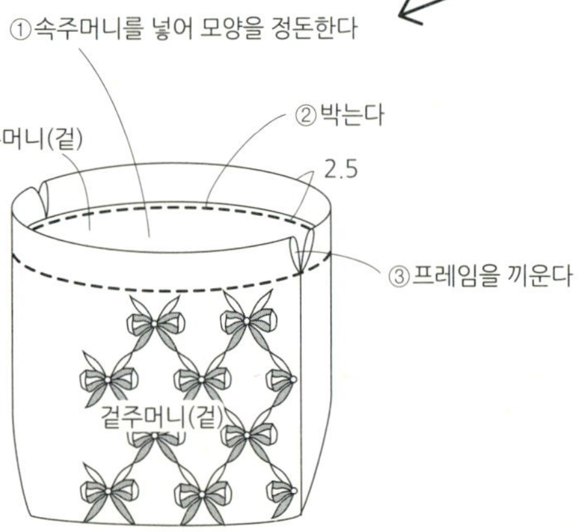

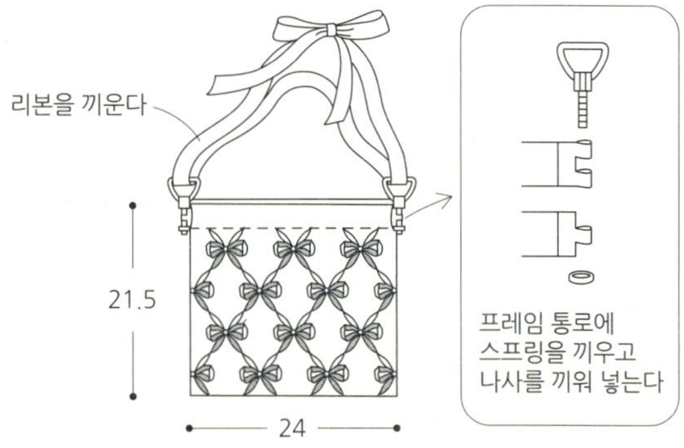

※125%로 확대하여 사용
※모두 2가닥
　세틴 스티치

p.34 허브 장식 칼라

<DMC 25번 자수실>
522·524·646·935·3013·3363(그린 계열),
932·3753(블루 계열), 3835·3042(퍼플 계열),
452(핑크 계열), 834(옐로 계열), 939(네이비 계열),
BLANC(화이트 계열)

<재료>
겉감: 마(오프화이트) 45×35cm
안감: 면마(그린) 40×30cm
접착심지 85×35cm
고리단추 1쌍

<완성 사이즈> 그림 참조
<도안·패턴> p.84
<만드는 법> 여유 있게 재단한 겉 칼라의 천에 수를 놓는다(p.39 참조). p.74 '큰 리본 장식 칼라'와 같은 방법으로 완성한다.

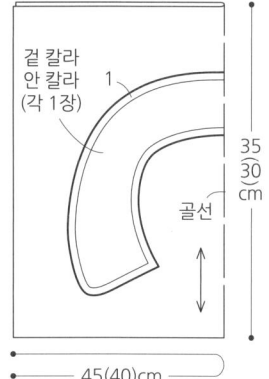

재단 배치도
겉감·안감

※( ) 안의 숫자는 안감
※겉 칼라, 안 칼라 모두 안쪽에 접착심지를 붙인다

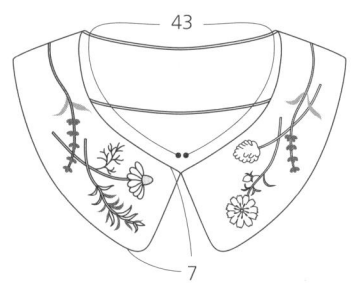

p.34 허브 커프스

<DMC 25번 자수실>
522·524·646·935·3013·3363(그린 계열),
932·3753(블루 계열), 3835·3042(퍼플 계열),
452(핑크 계열), 834(옐로 계열), 939(네이비 계열),
BLANC(화이트 계열)

<재료>
겉감: 마(오프화이트) 30×60cm
접착심지 30×30cm
지름 1.3cm의 싸개단추용 부속 4개분

<완성 사이즈> 그림 참조
<도안·패턴> p.83
<만드는 법> 여유 있게 재단한 겉 커프스의 천에 수를 놓는다(p.39 참조). 그림처럼 재단하여 완성한다.

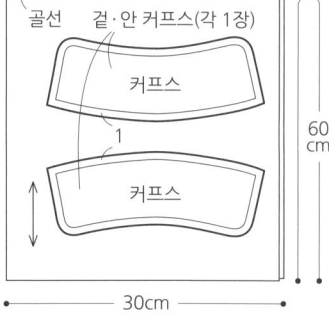

재단 배치도

※겉 커프스의 안쪽에 접착심지를 붙인다
※빈 곳에서 싸개단추용 천을 자른다

만드는 법

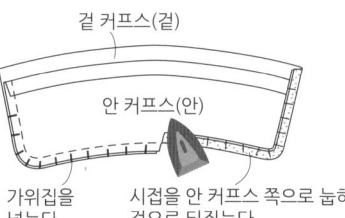

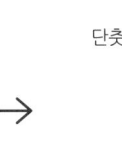

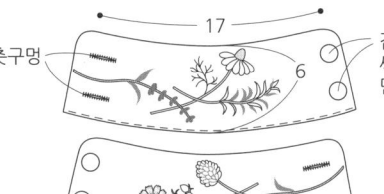

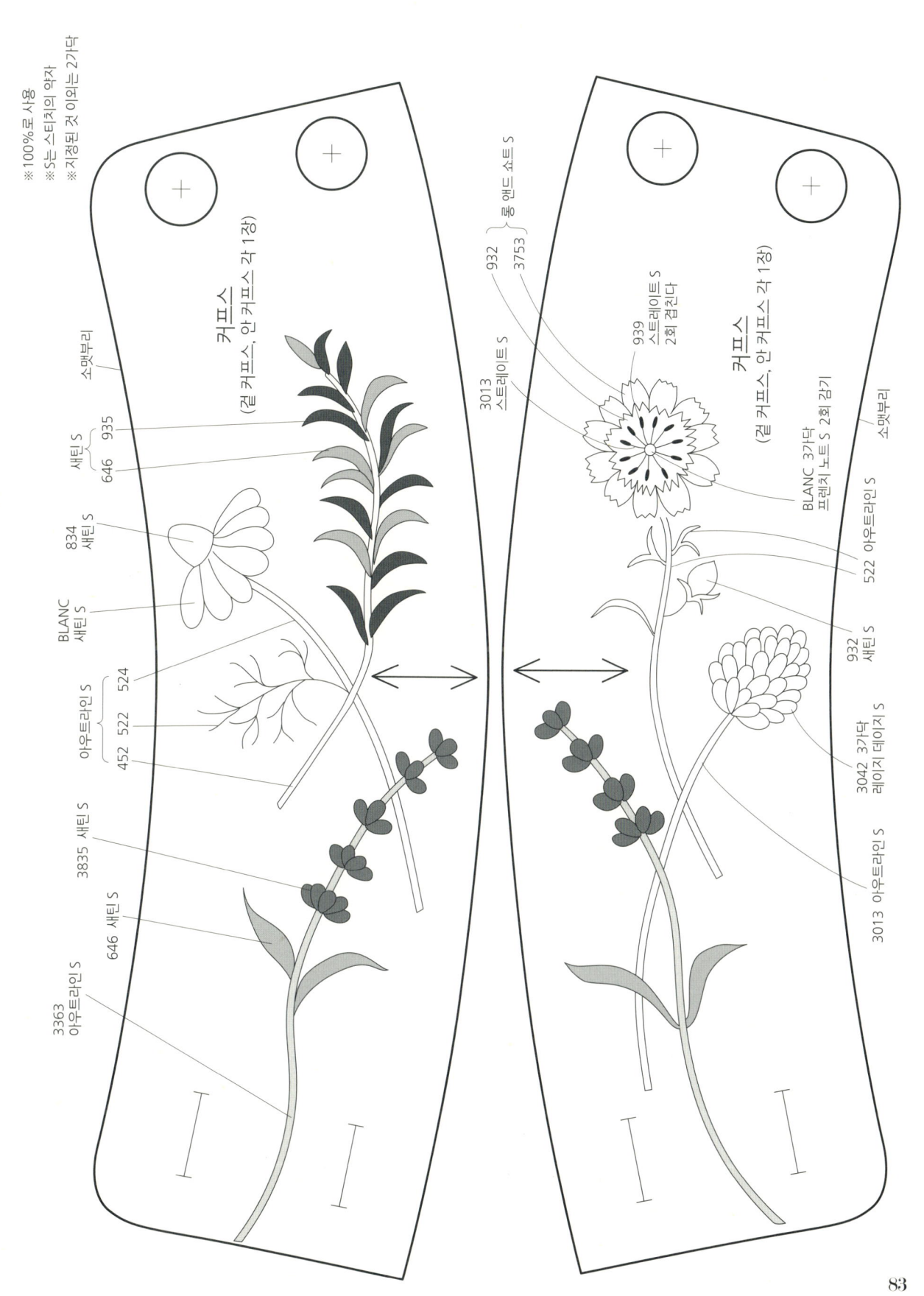

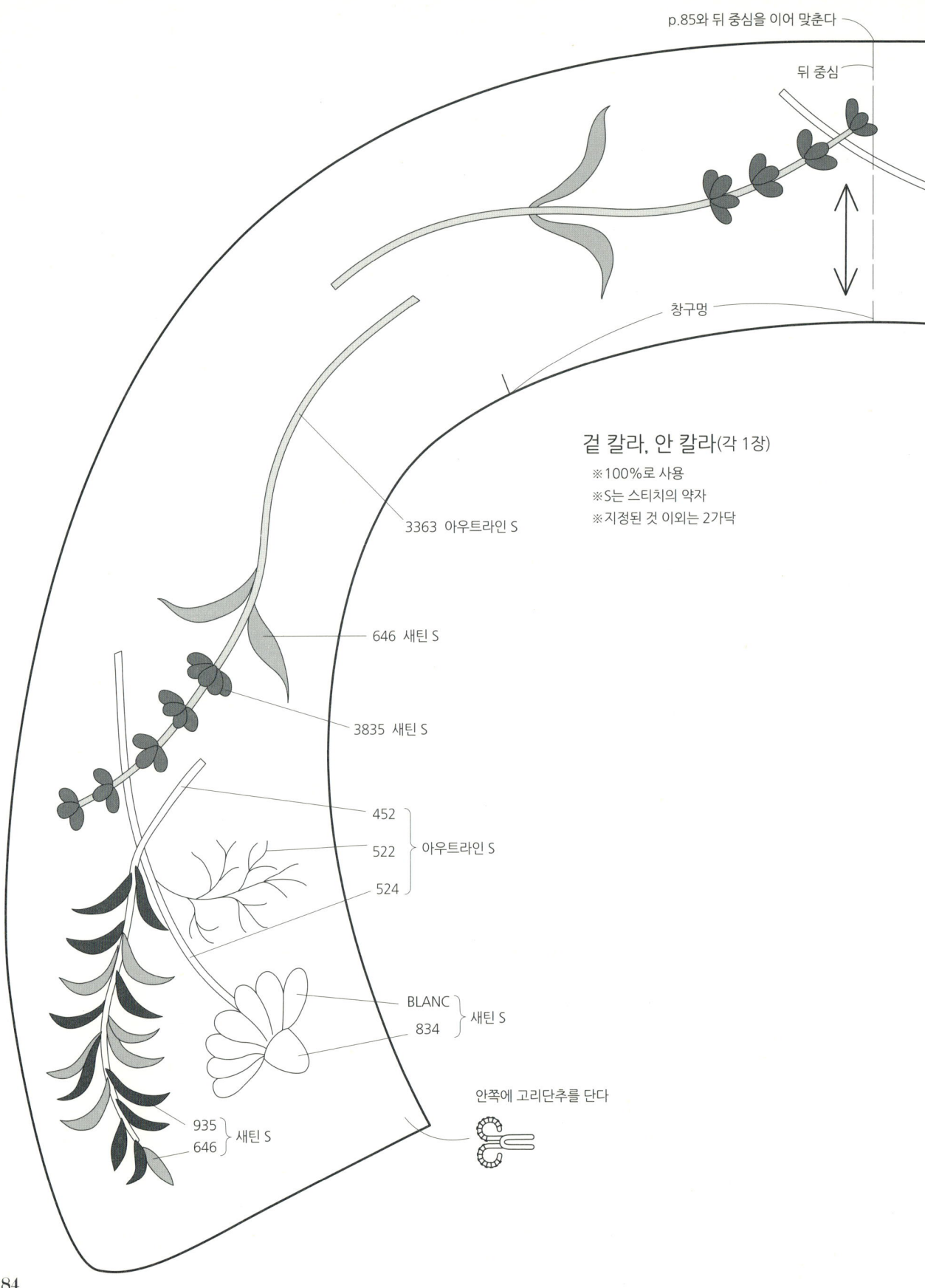

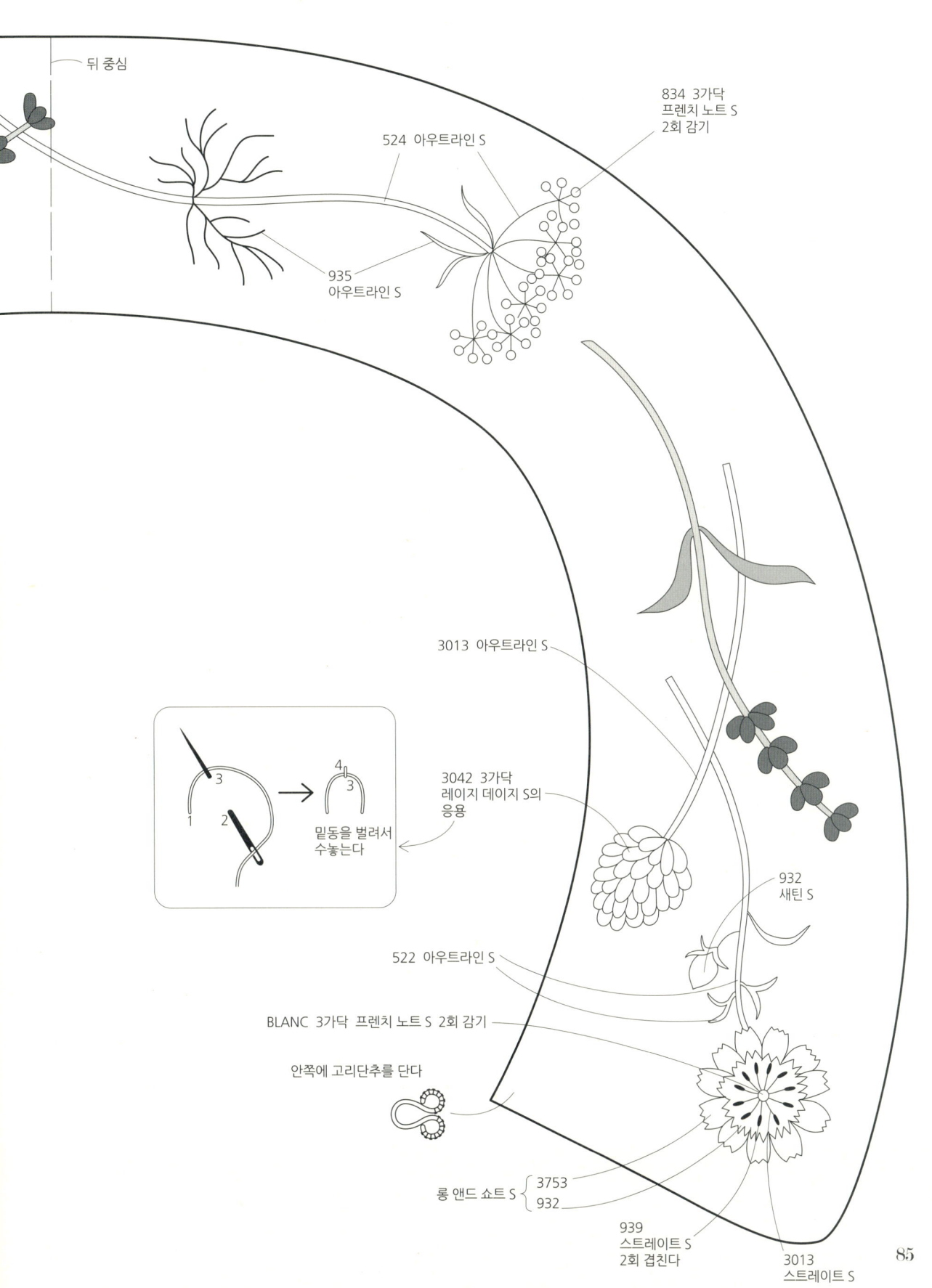

p.36 캐미솔에 부케 자수

〈DMC 25번 자수실〉
318·415·3024(그레이 계열), 372·520·647(그린 계열),
225·778(핑크 계열), 930(블루 계열), 3046(옐로 계열),
3042(퍼플 계열), 3722(로즈 계열), 3865(화이트 계열)
〈완성 사이즈〉 13×14.5cm(도안 부분)
〈만드는 법〉 원하는 캐미솔에 수를 놓는다.

※100%로 사용
※S는 스티치의 약자
※지정된 것 이외는 2가닥

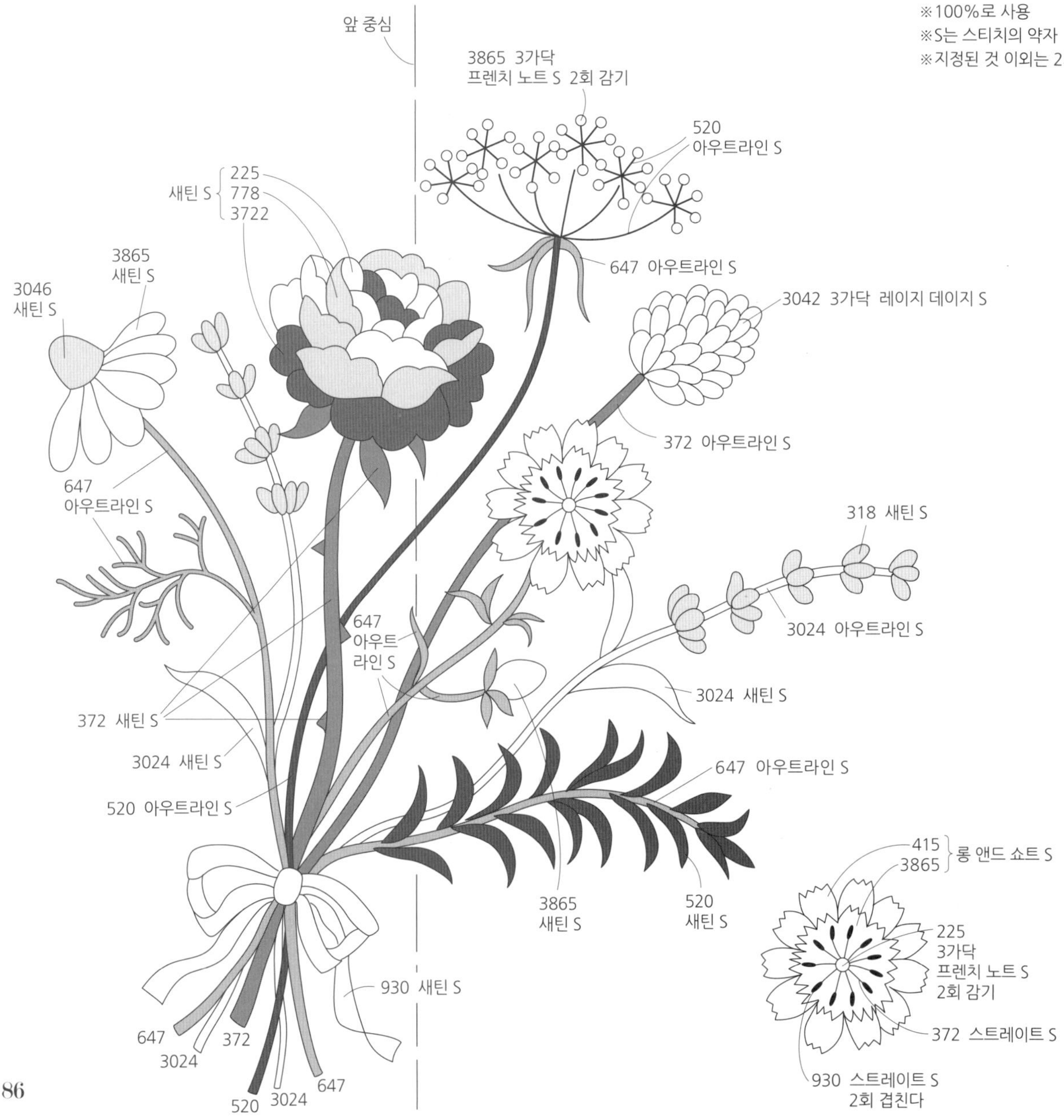

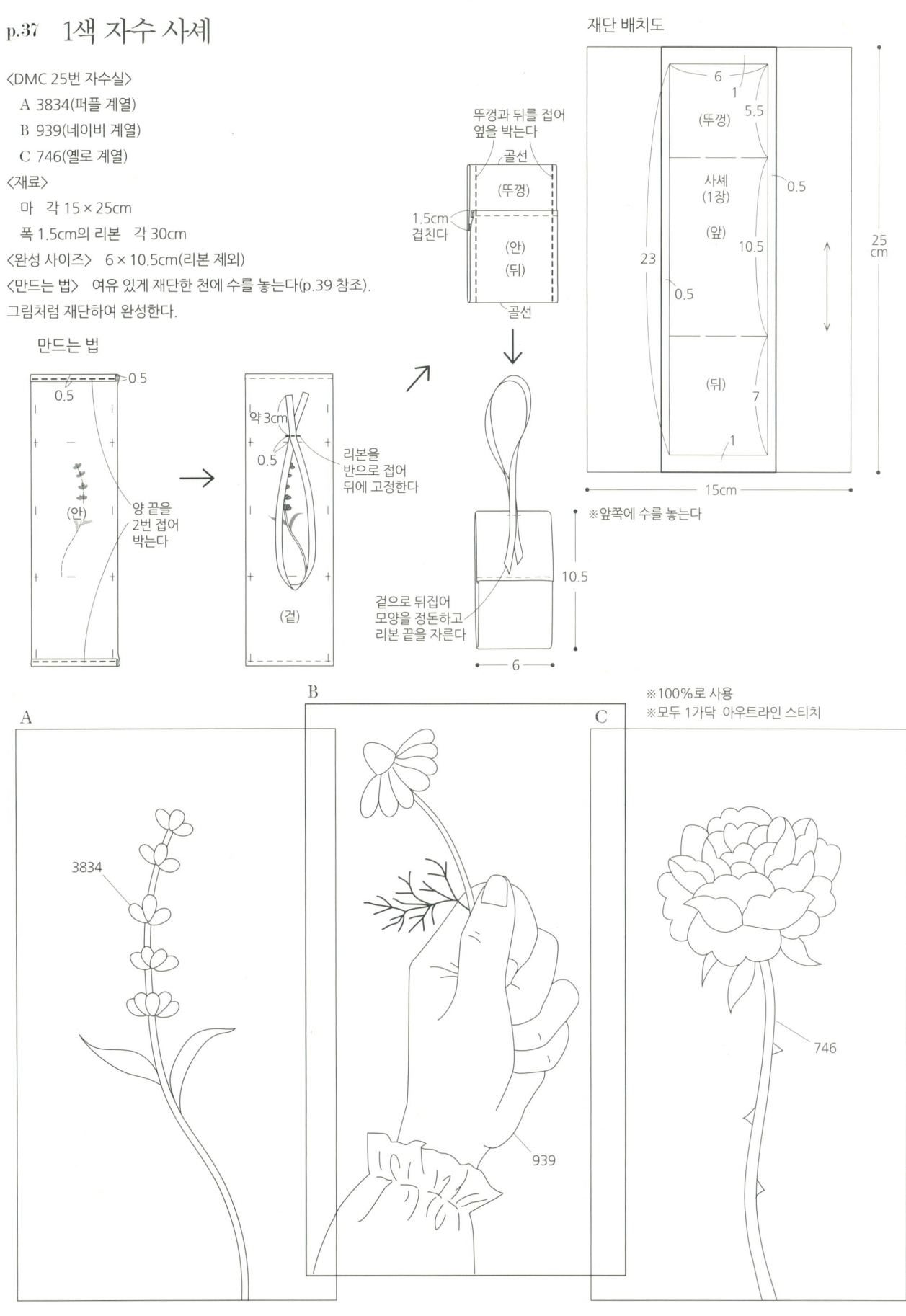

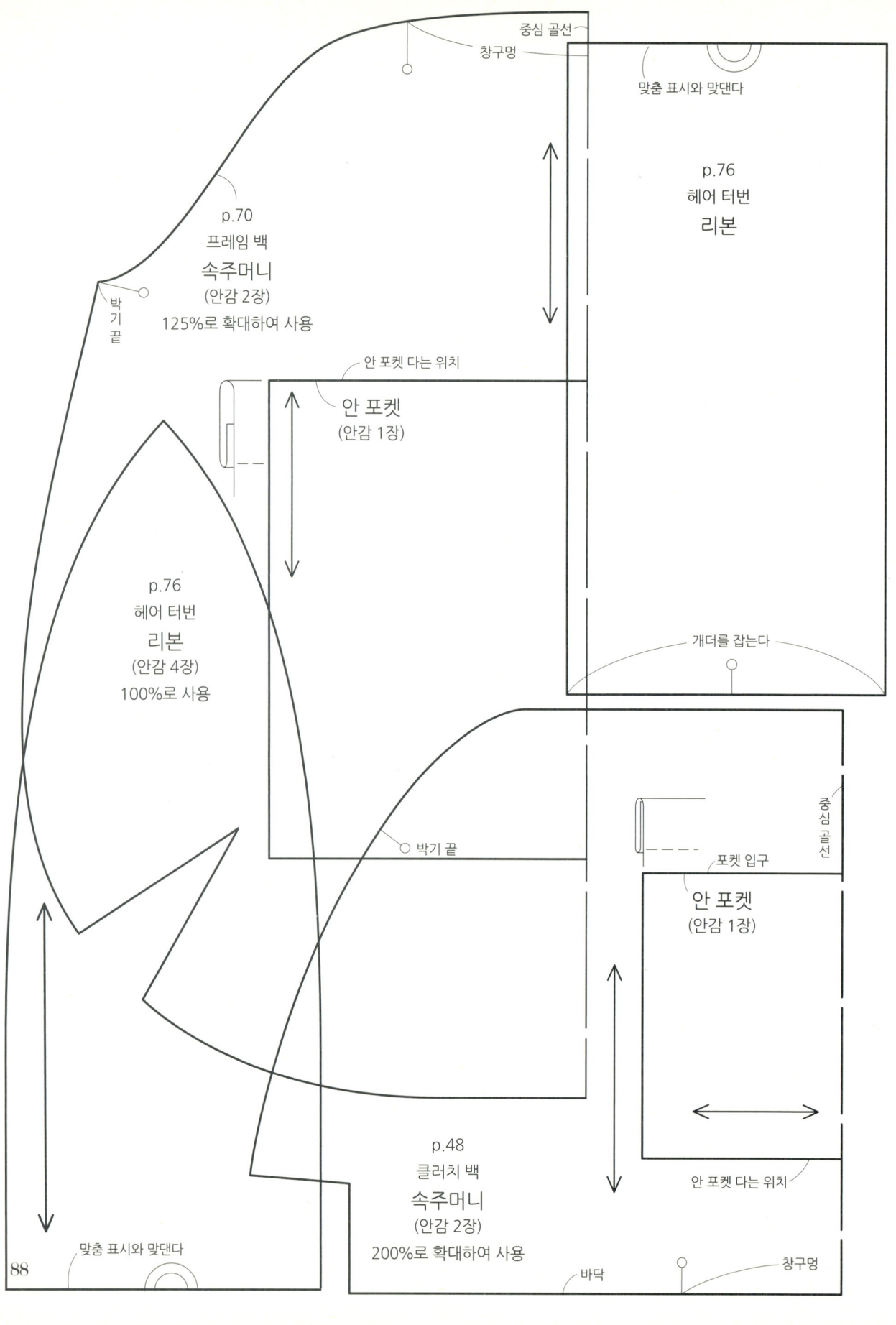

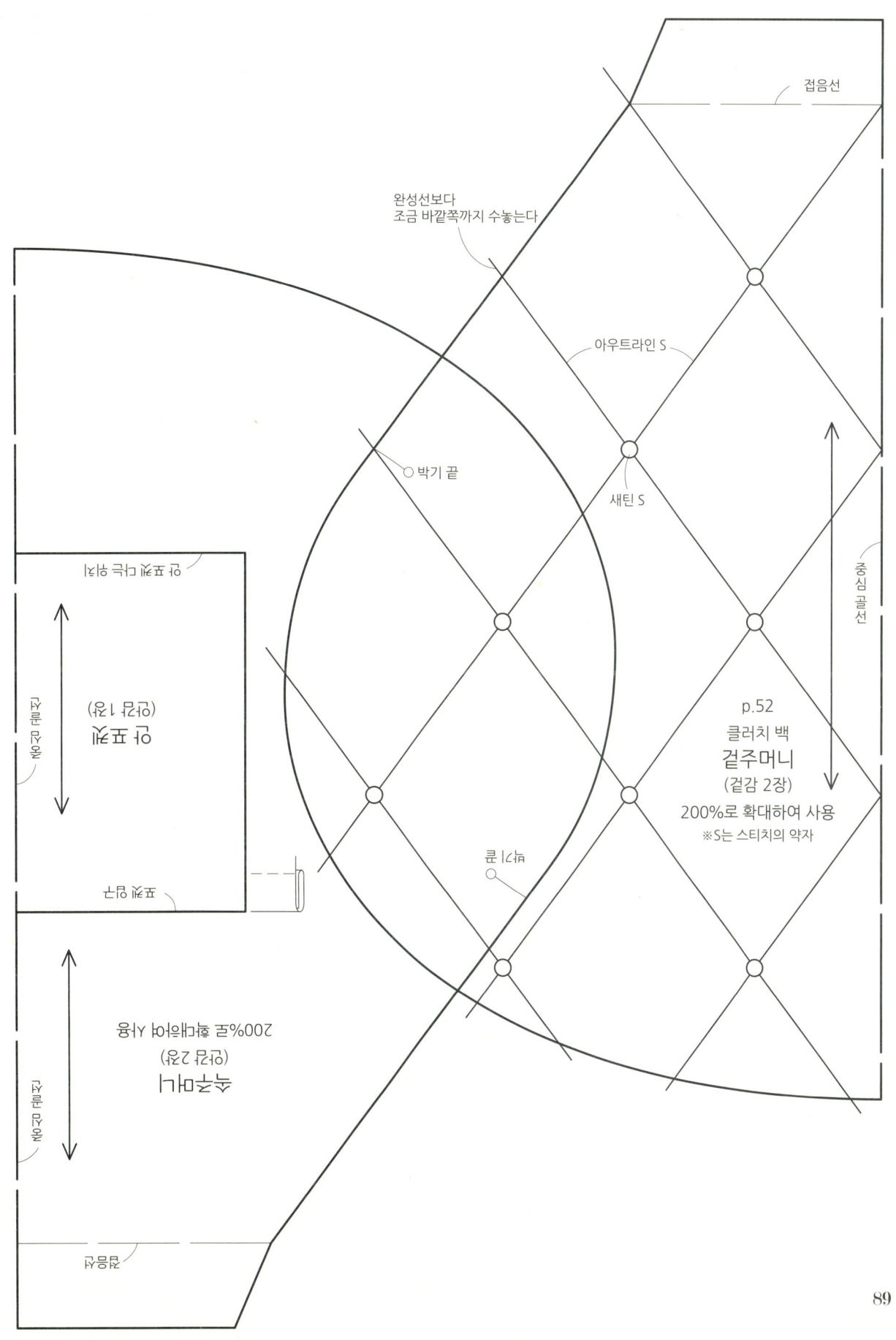

YOSOOU SHISHÛ MI NI TSUKERU SHISHÛ
by Wakako HORAI
Copyright ⓒ 2016 by Wakako SHIMANO
First published in Japan in 2016 by EDUCATIONAL FOUNDATION BUNKA GAKUEN BUNKA PUBLISHING BUREAU, Tokyo
Korean translation rights arranged with EDUCATIONAL FOUNDATION BUNKA GAKUEN BUNKA PUBLISHING BUREAU
through Japan Foreign-Rights Centre/ Shinwon Agency Co.

이 책의 한국어판 저작권은 신원에이전시를 통한
EDUCATIONAL FOUNDATION BUNKA GAKUEN BUNKA PUBLISHING BUREAU와의 독점 계약으로 도서출판 이아소에 있습니다.
저작권법에 의해 한국 내에서 보호받는 저작물이므로 무단 전재와 무단 복제를 금합니다.

북 디자인	Mihoko Amano
촬영	Machiko Odan
	Josui Yasuda
스타일링	Naoko Horie
모델	Luka
헤어 & 메이크업	Yumi Narai
만드는 법 해설, 트레이스	Shikanoroom
교열	Masako Mukai
편집	Sayako Misumi
일본어판 발행인	Sunao Onuma

일상이 화보가 되는
장식 자수와 소품

초판 1쇄 발행 2018년 3월 10일

지은이 호라이 와카코
옮긴이 황선영
펴낸이 명혜정
펴낸곳 도서출판 이아소
디자인 황경성

등록번호 제311-2004-00014호
등록일자 2004년 4월 22일
주소 04002 서울시 마포구 월드컵북로5나길 18 1012호
전화 (02)337-0446 **팩스** (02)337-0402

책값은 뒤표지에 있습니다.
ISBN 979-11-87113-21-8 13590

도서출판 이아소는 독자 여러분의 의견을 소중하게 생각합니다.
E-mail: iasobook@gmail.com

이 도서의 국립중앙도서관 출판예정도서목록(CIP)은 서지정보유통지원시스템 홈페이지
(seoji.nl.go.kr)와 국가자료공동목록시스템(nl.go.kr/kolisnet)에서 이용하실 수 있습니다.
(CIP제어번호 : CIP2018003484)